A JOURNEY INTO THE CULTURAL HEARTLAND OF JAPAN

KANSAI COOL

瘋關西

探索日本文化心臟地帶

CHRISTAL WHELAN

克莉絲朵・韋倫

獻給雙親

第三篇 地方感

第四篇　藝術

第五篇　青年文化

第六篇　宗教

誌謝

本書得以出版，一路上受到許多人的幫助。首先感謝日本友人不吝撥冗分享所知。為了研究本書涵蓋的主題，我一再遊歷關西地區，蒐集素材，期間獲得諸多友人協助。我親近領略日本的傳統宗教信仰，其實可追溯到二十年前。永平寺、高野山、椿大神社、羽黑山，是我靜修過的其中幾處地方，靜修時間長短不一，卻都為我的人生增添豐富層次，我對此深表感激。

在此感謝《讀賣新聞》英文版（*The Japan News*），二〇一一年至二〇一二年，我住在京都期間，為該報撰寫〈關西文化地景〉專欄文章，謝謝該報同意本書收錄當時舊文，與新文並列輝映，格外感謝主編宮井由美子與石田格也。亦要感謝京都國際文化協會的海田能宏先生同意重印〈感謝〉一文，此文猶如門口的歡迎地墊，是本書的美好開端。

我對塔托出版社（Tuttle Publishing）的敬意之深一如既往，塔托長久以來致力介紹日本給全世界。謝謝出色的編輯 Terri Jadick 不厭其煩引領本書及時完成。我在美國期間，跟約翰霍普金斯大學東亞研究學程的往來，更是獲益良多。學程主任 Joel Andreas 對我的到來表示歡迎，還讓我使用優異的圖書室並參與研討會。

由衷感謝他人的協助，他們多半都住在日本。謝謝慷慨助人又具專業聯絡溝通能力的 Christopher Fryman，謝謝 John Einarsen、三村博史、Moho、薄田和彥、Daniel Peralta 等特約攝影，謝謝一燈園允許我重印其中一張相片，謝謝 TOTO 有限公司的山下名利子讓我使用該公司收藏的相片。還要謝謝月永悠同意本書重製她繪製的美麗水彩畫[1]。

感謝杉山多喜江的大力支持與前期影響。謝謝日本研究始祖 Donald Richie 與 Donald Keene，謝謝兩位成為如此完美之模範，啟發一整個世代。

最後要感謝兩個人，沒有他們，本書無以存在。在此將本書獻給我的父母，他們一直以來都相信我。對於父母的支持，我的感激之情無可計量。

1 繁體中文版內配圖和原文版略有出入。

簡介

關隘之西

日本多山，南北狹長，日本史與其說是國家的歷史，不如說是地區的歷史。往航海圖大略一瞥就可明白，日本列島除了四座大島外，其實還涵蓋三千餘座小島，森林覆蓋的陸地達一半以上。除了海洋高山構成自然屏障外，昔日交通運輸的不便，更是讓各地區的交流往來橫遭阻礙。一段時日過後，這種島國特性反倒促使日本各區穩健邁向多元化發展，即使時至今日，仍是日本的鮮明特色。

雖然日本可劃分成八個地區，但是這本短文選集僅描繪其中一區——關西。關西位於本州——日本中間的大島——南部中央處。這片寬闊區域有兩府五縣，分別為京都府、大阪府、奈良縣、兵庫縣、滋賀縣、和歌山縣、三重縣[1]。日本居民有一億兩千七百萬人，約有百分之十九住在關西地區。春秋時節，關西地區的人數暫且增加，日本各地居民紛紛前來觀賞春季飄落的櫻花，秋季溫暖的色調，重新領略共有的文化寶庫。關西的歷史縱深極具魅力，日本國內外皆視關西為日本文化精髓代表，不僅有底蘊豐厚的茶道、花藝、表演藝術（歌舞伎、能劇、人形淨瑠璃）、傳統料理、文學典籍（例如《枕草子》、《源氏物語》，兩部的作者皆為女性）、神社與寺院建築、古老的參拜道，更是各派佛教的中樞。

曾為日本首都的大阪、奈良、京都，全都座落於關西的心臟地帶，亦稱近畿。日本早期跟亞洲其他地方交流往來之時，本州與四國間的瀨戶內海成為通往日本的重要門戶，外來的思想與貨物經由難波津的港口（即大阪港）遍及關西各地。外來的影響即由此地區輻散出去，日本國內無一處不受影響。奈良是日本第一個永久首都，坐擁全世界最古老的木造建築——法隆寺。在鹿群自由漫步的奈良城，法隆寺猶如一份恰如其分的獻禮，標出絲綢之路最東邊路線的

1 有時，福井、德島、鳥取會納入關西地區。

末站。

「關西」一詞首先出現於平安時代（七九四年至一一八五年），用以區分日本當時的政治文化中心（基本上是奈良與京都）以及愈趨發展的日本最大平原鄰近地區（本州東部的關東）。關西的意思是「關隘之西」，指的是本州西部的中心地帶。由「關隘」二字即可得知，其象徵的是最早興建於十世紀的古代邊境要塞隘口。這道關隘的最東站位於滋賀縣大津，出關即抵達關東（即「關隘之東」）地區。雖然日本史上的政經力量席位歷經多次更迭，但是在文化上、在語言上，關東與關西至今終究是獨具一格的兩大區域。日本仍舊盛行區域主義，關東與關西成為日本東西分水嶺的簡要代稱，可約略稱為東京與大阪。東京與大阪是日本經濟大城，也是日本境內人口最多的都會。

關東與關西的形象特色不僅有地理之別，在鎌倉時代（一一八五年至一三三三年）即各自蓬勃發展，武士階層在本州的中心地帶各處興起，爭權奪位。源氏、平氏兩大氏族的武士爭戰不休，最終源氏得勝，取得統治權，天皇與平氏逃回日本西部。一一九二年的壇之浦決戰，源氏獲勝，勢力大興，源賴朝帶領源氏家族，成為日本鎌倉幕府第一代將軍。擁有貴族與典雅消遣的平安時代，猶如一段漸漸褪色的黃金年代，遭到鎌倉幕府將軍引領的新興軍事強權取而代之。雖然首都仍在京都，但是政府的諸多功能實際上已移轉至關東地區的鎌倉，位於東京西南方約五十一公里處。

政權一分為二，由天皇與將軍共有。由於雙方是彼此競爭的關係，加上位處截然不同的地區，因此種下了關西與關東長期傾軋較量的遠因。日後，提及天皇代表的象徵與文化力量，就會聯想到關西；提及將軍代表的幕府政治與軍事力量，就會聯想到關東。鎌倉將軍以及日後的德川將軍，其幕府皆位於關東。然而，關西與關東是到了德川時代才有截然不同的區別，發展出今日人人盡知的特色。一六〇三年，拜關原之戰勝利所賜，德川家康統一天下，終結小國爭戰不休的局面，在江戶（今日的東京）設立幕府。接下來的兩百六十五年即為江戶時代（一六〇三年至一八六八年），日本的經濟與文化蓬勃發展，活躍的商人階級與武士同時興起。然而，為了保護國內，避免外國勢力影響，日本實施鎖國政策，幾乎不跟外國進行貿易交流。江戶時代的日本仰賴國內資源自給自足，社會和平、富足又穩定。將軍的統治範圍涵蓋關西，約佔日本領土的四分之一。

德川幕府的獨有特色就在於武士的職責，家臣武士負責侍奉大名，每隔幾年就得住在江戶城，在城內善盡職責。一年到頭都有大批武士居住在這座熙攘繁忙的城市，只是城裡的生活所費不貲。十八世紀早期，江戶是世界第一大城，人口預估有一百萬人至一百二十五萬人。故鄉領地與江戶之間的交通往來頻仍不斷，因而制定驛站制度，武士沿途有處所可休憩。商人在沿路驛站附近，設立大小商鋪與住宿處所。除參勤交代的武士外，旅遊熱潮也在平民階層興起，平民藉由參拜之舉，尋求心靈上的重生。三重縣的伊勢神宮是日本最受崇敬的神道建築群，也是參拜旅客最愛探訪的聖地。

江戶時代，大阪發展成規模宏大的商業中心。運河修築後，商人可沿著日本海的海岸輕鬆載運貨物。此外，沿岸更興建了各領地的藏屋敷。藏屋敷是儲藏及販售糧食的處所，由將軍掌控，批發商與代理商均需獲得將軍特許，方能管理藏屋敷。三井高利堪稱關西商人的楷模，他是三重縣釀酒商人之子。三井家日後成為德川時代最大的商家，日本最富裕的家族。十七世紀晚期，三井家成為德川將軍的官方特許商家。

三井家在江戶的主要大街開設多家商鋪與一家百貨公司（日後成為三

越）。三井家是日本境內率先推銷自家產品的商家，他們免費發送雨傘給店內購物者，作為廣告宣傳，只要一下雨，首都四處都能看見三井標誌。在貨幣交易尚不為人知曉的時候，三井家率先實施貨幣交易。他們在大阪開設貨幣兌換商家，把貢米換成貨幣，就連大阪資金轉至江戶的危險交易，他們也都經手處理。

十九世紀中葉，日本結束長期鎖國的政策，重新開放港口，跟美國和歐洲的幾個國家談判條約。新興又現代化的明治政府實行一系列的改革措施，其一就是再度遷都，只不過該次是一舉遷出關西地區，移到東京城內的目前所在位置。該次的遷都也象徵著封建社會邁向現代社會，需要大刀闊斧的改革與願景力量，才能推翻將軍，瓦解強大又牢固的封建制度，讓天皇重回國家元首的地位。遷都以前，天皇與貴族向來住在關西。

然而，如今的京都御所空盪無人。一八七〇年代，新政府進行國家結構的重組，為數眾多的領國就此劃為四十七個行政區（都道府縣）。

即使日本政府實施全新的行政層級，大阪依然是繁榮的商業城市，依然是運送貨物至江戶城的主要供應城市。然而，這段時期過了許久之後，東京

（關東）的武士以及大阪（關西）的商人成了兩地經典的文化形象。我讀過一篇文章，說大阪人典型的打招呼用語是：「Mookkarimakka？」（意思是「有賺錢嗎？」）。我還真想聽人說出這句話，但也幸好沒人用這句話跟我打招呼。這句招呼用語如今似乎已經消失不見了，或許只剩下波特（DC Palter）與史洛斯維（Kaoru Slotsve）會在《關西日語會話》（*Colloquial Kansai Japanese*）一書中把它當成笑話講。

我們還是可以憑腔調來區分關西地區與關東地區，但是關西腔與關東腔有一項莫大的差異。新政府在東京建立首都後，隨即將東京近郊的腔調選為日本各地學校教授的標準「日語」。外國人在自己國家的學校與大學學習日語時，也是學習前述的標準日語。日本今日的政權集中於東京，加上NHK國家電視主播也使用標準日語，於是各地的日本人皆流利操著官方認可的日語腔。儘管如此，關西人仍舊以其文化遺產為榮，他們在日常對話中使用關西方言也比較自在。

只要在京都或大阪待上一小段時間，就可聽出關西腔（關西各地方言的概略總稱）獨特的抑揚頓挫與語彙。關西腔的第一個特徵就是句子往往以「wa」音作為結尾，「wa」音本身並無意義，只是用來強調說話者說的話，關西人無論男女都經常使用。另一方面，東京人也同樣在句尾使用「wa」強調語氣，只是發音比較柔和，而且在東京，這是女性用語獨有的特色。

關西方言的腔調往往較為優美，說話者通常會強調字彙的第一個音節；關東腔通常比較平板。此外，關西當地人經常把同一個字彙重複說兩次，例如：Kamahen, kamahen（「沒關係。」）。我的房東經常對我說這句話，用以表達同理心。還有另一項顯著的差異，標準日語用「s」音時，關西腔是用「h」音，因此，稱呼「Tanaka 先生」或「Tanaka 女士」時，關西腔是說 Tanaka-han，東京腔是說 Tanaka-san。兩者的動詞結尾也不一樣，關西腔用 -haru，否定用 -hen；東京腔則是分別用 -ru 與 -nai。有些用字也不一樣，以「雞肉」一詞為例，關西人會說 kashiwa，其他地方多半是說 tori-niku。關西人的「謝謝」是 okini，標準日語是 arigatoo。最後，用「請」字來請人幫忙的時候，標準日語是 onegai shimasu（日本各地經常使用），關西人會說 tanomu wa。

標準化的教育，全國性的媒體，人們從鄉村搬到都會地區，無疑會削弱方言。不過，大致說來，我覺得關西腔在大阪許多地方以及京都還是相當穩固。只有一次我跟八尾（大阪東南）來的男性講話時，才發現自己有時聽不太懂對方在說什麼。大家對於日本各個地區與府縣的差異，也是有時關心，有時不在意。近年來，有好幾本書開始探討日本內部的多元化，描繪「縣民性」（kenminsei），亦即在共同歷史、地理、環境條件下出生長大的縣民所表現出的典型行為。

早在一九七〇年代，人類學家祖父江孝男就率先以縣民性為主題深入鑽研。日後還有大谷晃一出版《大阪學》，描繪大阪人的性格。最近還有行銷顧問矢野新一倡導企業可藉助縣民性，擬定各地區的銷售策略，甚至還根據日本女性的縣民性，編寫小眾市場書籍。二〇〇七年，讀賣電視台推出《妙國民糾察隊》，節目大受歡迎，主持人邀請來賓上節目，呈現來賓的縣民性。節目討論完某縣獨有的特徵與習慣後，就會到該縣訪問縣民，有時縣民會為了證明剛才所言屬實，無意間製造出笑果。

關西與關東之別，有個常見的例子，那就是手扶梯禮儀。關西人通常會站在電扶梯右側，左側供人通行；反之，關東人站在電扶梯左側，右側供人通行。這類行為模式背後的因素（若有的話）往往跟歷史有關。東京是武士之城，昔日的武士皆為左側佩刀，為了方便抽刀，走路都是靠左，時至今日，當代的東京人還是喜歡靠左行走。大阪是商人之城，昔日的商人皆為右手提物，為了保護貨品，走路都是靠右，而當代的大阪人還是喜歡靠右行走。無論如何，目前大家對得知各個地區或府縣的特性再度感興趣，也因此更意識到日本國內的多元風貌。既然日本各個地區與地方的風貌如此多樣，外人也難以侃侃談論日本人的性格。

有史以來，京都與奈良即是日本的政治與文化中心，滋賀、神戶、大阪在江戶時代則是規模宏大的商業中心，關西因此具備多元的文化認同。即使是在關西境內，各縣也各具特色。京都人謹言慎行，不會輕易直接流露內心的想法，京都以外的關西人往往稱京都人「冷淡」或「表裡不一」。大阪人的個性親切熱情、腳踏實地、活潑外向、愛開玩笑，往往有「日本的拉丁民族」之稱，也因此大阪成為「漫才」（Manzai）這種一人耍笨、一人吐嘈的雙人喜劇發源地。雖然京都的料理跟大阪齊名，但是兩相比較之下，京都的重心很容易就轉移到時尚方面，俗話說：「Kyo no kidaore, Osaka no Kuidaore.」（意思是

「京都人毀在衣服上，大阪人毀在食物上」）。滋賀人的商業頭腦數一數二，他們長久以來培養出「三方滿意」（sanpo-yoshi）的觀念，亦即任何一筆經濟交易要稱得上成功，買家、賣家、整個社會都要從中受惠才行。知名公司的創辦人（例如貿易巨頭丸紅、知名內衣製造商華歌爾等）都是出身滋賀地區。

關西與關東之別有時可說是一樁歷史夙怨，十九世紀，京都失去了日本首都的地位。儘管如此，京都作為日本文化誕生地的聲望仍然保持不墜地位，如今也往往肩負著保存日本傳統的重責大任；東京則是因一切形式的標準化而經常飽受責難。關西與關東之別經常帶有純粹諷刺的意味，但有件事卻頗有意思，兩者之別竟足以左右二戰盟軍轟炸期間的外交政策。當時盟軍的炸彈摧毀了堺市與大阪，京都這座千年首都卻免受轟炸之苦，原因就在於京都在文化上與歷史上的重要性。盟軍對東京幾乎沒有這樣的考量，東京也因而無法免於大空襲。所以，京都才能繼續對古寺、古城等有形遺產感到自豪，而東京卻失去了大多數的古蹟。日本的現代首都毫無選擇，只能重建並邁向現代化。因此，東京大部分地區都相當新穎，建築物都是過去六十五年間建造而成。

我撰寫本書時，想要回到早年初抵日本、一切都是新奇體驗的時期，滿腦子疑問，得到的現成答案也不多，熱情引領著我立刻往多個方向奔去。當時的我本來可以從指南中獲益，不是那種塞滿歷史人物與日期、太容易忘得一乾二淨的指南（這種書籍多之又多），而是那種有文化指南針作用的指南，能讓我發覺模式與趨勢，幫我找到自己的路。本書的宗旨是成為文化指南針型的指南，是我不曾有過的指南書。旅客遊歷這處活力十足又日益發展的地區時，若想超越文化刻板印象以及可預知的觀光景點，同時重視那種透過深入手法詮釋當代焦點的書籍，那麼正可從本書中獲益。本書也是為了這些年來認識的諸多日本友人而寫，他們基於某種原因，少有機會探索自己的國家，為此感到遺憾。我從國內外的日本友人那裡反覆聽到這類抱怨，便嘗試以本書作為回應。

我之所以關注日本，一開始是著迷於日本初與西方接觸的情況，還有十六、十七世紀，葡萄牙與西班牙的耶穌會士與方濟會士抵達日本的情景。當時，日本與西方熱絡交流的關係持續百年之久，接著卻急速惡化，日本長期禁止國際貿易，只讓一小群的荷蘭人與中國人留在長崎的某座小島上從事國際貿易。我不由得想知道箇中原因。我的興趣起點漸漸往外擴展，納入更廣泛的日本文化範疇，支撐著我度過人類學者的專業訓練。這些年來，我聽了社會學者、人類學者、遊客、移居國外者、小說家、精神分析學者、政策制定者對日本的多元闡述與特性描述，整體上猶如召喚出一則盲人摸象的南亞寓言。

去問那些摸象的盲人，大象長得什麼模樣，每個人只感覺到大象身上的其中一個部位，例如尾巴、鼻子、腿、耳朵、肚子等，因此每個人猜想出的動物各有不同。同樣的，我們眼中的日本風貌各異，可能是「縮小文化」（李御寧）、「依存文化」（土居健郎）、「羞愧文化」（露絲・潘乃德 [Ruth Benedict]）、「垂直社會」（中根千枝）、「颱風心理」（賴世和 [Edwin Reischauer]）、「包裝文化」（喬伊・亨德列 [Joy Hendry]）、「和服心態」（伯納德・魯道夫斯基 [Bernard Rudofsky]）、「羞恥文化」（艾蜜莉・諾冬 [Amélie Nothomb]），還有最近出現的「酷文化」（日本經濟產業省）。日本經濟產業省的實際用詞是 Cool Japan（酷日本），當今日本政府運用酷大使，公開推廣新興的軟實力地緣政治，在這種情況下，現念的日本大眾文化變得更強調全體的重要性。

我對日本某些層面的認識，應歸功於前文提及的作者，還有較為不易摘錄出來的無數他者，可是所謂的主要概念與總結通常是在試圖展現某種文化或文明的主軸，而我對此感到很不自在。雖說如此，我在日本各地普遍發現的生活方式，可以用下列兩個單字表達：gambaru/gambatte 與 kansha。Gambaru 的意思是「努力」或「加油」，用意是鼓勵對方無論如何都要全力以赴，同時也隱含著付出的努力比結果還要重要。艾文・莫里斯（Ivan Morris）所寫的《敗得高貴》（*The Nobility of Failure: Tragic Heroes in the History of Japan*）一書，即以清雅絕妙的筆法深刻描繪此種觀點。該書訴說著各種英雄達不到目標且往往在過程中失去性命的故事。即使站在簡化的角度去看，也絕非勝利者的故事，可是日本依舊視這些失敗者為英雄。失敗者具備的是 gambaru 的精神，他們竭盡全力付出。kansha 一詞的意思是「感謝」，是指人永遠無法獨自做出一番成就，而是一輩子獲得無數他者、自然世界、機構組織的支持，才得以有所成就。這種觀念是自立的反面，會長久抑制自尊。

我多半藉助敘事手法努力避免盲人摸象的缺失。話雖如此，我在做法上仍舊依循著一些原則。貫穿全部章節的主題是文化變遷，以及保守與創新間的不斷競爭。我發現這個議題在京都尤為尖銳。京都堪稱為日本傳統的心臟地帶，在祇園地區仍可見到舞伎（即訓練有素的藝伎底下的藝徒）步出豪華禮車，她們踩著柳木製的厚底夾腳木屐，緩步曳行赴約；和尚則是雙腳踩著草鞋，頭頂戴著兼具雨傘作用的寬沿草帽，漫行於城市巷弄之間，他們手捧化緣缽，頌念經文，只吃化來的食物。

本書提出的諸般議題並非關西地區獨有，而是日本各地或多或少盡皆適用。然而，關西擁有深遠的傳統文化，要是失去這樣的傳統文化，改為實施彈性的創新，肯定會引起軒然大波，畢竟京都的傳統文化根深蒂固，不會輕易離散。此外，前文所述內容皆是我在京都城內日常遊走的具體實例，寫下來不是為求詳盡無漏，也不是為求一槌定音。我盡可能比較日本與他國的情況，這樣大家才不會把日本當成是全世界或全亞洲地區裡的例外狀況。

本書並未專門處理日本人對保存傳統町屋所付出的心力，不過其他國家也有同樣的情況，德國努力拯救奎德林堡的木桁架屋免於荒廢，中國收藏家白十源投入數十年光陰，拯救徽州商人的宅邸免於毀壞。我之所以做出這樣的比較，重點並不是要讓日本的迫切議題變成小事，而是要開創出更大的空間，讓大家好好思考問題，同時也是要避免一九六〇年代至一九八〇年代不時盛行的「日本人論」再度盛行。有時我也想要呈現多元的影響，涵蓋在地與全球的交集，而這些就成了我們在藝術上或產業上經常認知的「日本」味。

我在京都與大阪認識的藝術家與匠師越多，就越覺得他們絕非以毫無變通的手法處理作品。以工藝大師野口靖為例，他專門製作和服腰帶錦緞編織所用的金線與銀線，他曾談及京都市西陣地區和服腰帶產業的衰退，但並不是站在孤單恐龍目睹周遭世界消失不見的角度。野口靖絕非那種嚴守傳統、破壞紡織機的盧德份子，他精神毅毅地以務實的口吻談及自己要不斷因應這種局勢，以期構思出富有創意的解決辦法。

西方觀察家對於現代作風侵襲日本傳統氛圍一事往往感到惋惜不已（並以過度浪漫的眼光看待過去的日本），但這位工藝大師面臨岌岌可危的處境，卻未陷入鄉愁情懷之中。野口靖在這種情境下展現的適應力與靈活度，正是我最敬之愛之的關西風範。野口靖向我展示他所做的一些抽象藝術品，我得以大致體會他的作風。他的藝品使用的是帆布上的金箔與銀箔，那正是他編織和服腰帶時纏繞在線上的素材。野口靖因應時代，邁向多元化，在兩種不同的領域仍保有十足的創意。或許，總是會有製作和服腰帶的需求，只是數量不如往日，畢竟以前的日本人每天穿著和服。為了在求新求變的時代延續傳統，必須用開放的胸襟與創意的想法加以因應。

本書的出版要感謝《讀賣新聞》英文版（*The Daily Yomiuri*，二〇一三年四月更名為 *The Japan News*）。此為英文版的國際報紙，我在二〇一一年至二〇一二年為該報撰寫〈關西文化地景〉專欄文章，當時我的工作是挑選一項主題，以「人類學者的眼光」描寫關西。該專欄每月都會以一整頁的篇幅刊登於周日的旅遊版，於是我必然要跳脫評論，向讀者介紹他們可遊覽的實際景點，還要附上相片，進一步吸引讀者前往旅遊。該報有許多讀者都是移居國外的人士，要是列出遊客首次遊歷時會喜歡的景點，他們肯定會覺得無趣，所以我想方設法介紹特別景點，就連嫻熟日本習俗與特性的老手都會感到新奇不已。

當年我恰巧有幸住在京都東部的丘陵地區，哲學之道附近，只要五分鐘就能抵達宏偉的銀閣寺。我二樓住處的窗戶面對一條小徑，每天都可望見遊客魚貫前往山丘上知名的寺院、神社、陵墓。旅客緩步前行，有的是跟著旅行團，有的是朋友或情侶夫妻結伴同行。他們的對話片段傳進我的耳裡，有數十種語言，我只懂得其中一些，對這番情景也漸漸習以為常。遊客發表的意見不但啟發人心，也頗有意思。「不要吧，不要又寺院了！」有一次，樓下傳來某個女人發牢騷的聲音，我往窗外偷看，一名年輕的女人面對著家人倒退走，京都典型的悶熱夏日惹惱了她。窗外傳來的對話所表達出的態度，我都聽進了心裡，設法理解大家真正想要看見、想要得知哪些事情。要是那女人能夠更確切了解寺院生活是何情況，那麼她或許會念頭一轉，想參觀更多的寺院。

總之，介紹一些不尋常的地方，或者眾人習以為常、輕易忽視的熟悉事物的不尋常層面，這樣的做法向來很有用。那些年，我不時參加關西各地的觀光行程。從這些旅遊經驗中，我發現日本官方的觀光指南有時訴諸文化清潔的形式，把某些行為歸於遙遠的過去，藉以掩飾這類行為。外國人在場時尤其如此，結果往往流於粉飾過去。以京都御所的觀光行程為例，導遊說，鳥居之所以漆成朱紅色，是因為「古時候的日本人相信有邪靈存在」，而朱紅色能夠擋住作惡的鬼怪。話雖如此，我認識的日本人多半都很怕霉運上身，也相信某種形式的靈。他們一輩子都會採取有形的保護措施，例如在家裡或車上掛御守保平安，配戴佛教念珠，參加火祭，慰藉無名之靈或祖先之靈。那麼，以世俗的角度呈現日本風貌，究竟對誰有益？

本書收錄的文章分成六大類，分別為：自然、產業、景點、藝術、青年文化、宗教。這樣分類只是為了方便讀者隨意翻閱參考，不用從封面逐頁讀到封底。分章是為了呈現主題，起碼能介紹一處相關的景點供讀者探訪。例如，講述時裝設計師三宅一生的文章之所以介紹店家，是因為除了三宅一生在東京設立的 21_21 Design Sight 美術館以外，唯有獨立店面的精品店以及百貨公司裡的專櫃，是能讓大眾觀賞三宅一生時裝的公共場所。至於講述馬桶的那一章，我並不期望人人看了文章就都起心動念前去靈修，把清潔馬桶當成首要的靈性修行。不過，光是知道有個烏托邦團體推崇此法以求放下自尊，讀者就會更意識到新興的靈修生活是以何種方式汲取傳統，下一次進廁所的時候，肯定會覺得有趣多了。此外，也應該更感謝日本製造馬桶的技術是地球上最先進的。

講述日本料理的那一章提出了「本地與外來」的老問題，此議題不僅跟人有關，也跟植物有關。異國的栽培品種植物或者進口的蔬菜，要到什麼時候大家才會認為它們很日本呢？是三十年？一百年？還是兩百年？在愈趨全球化的時代，影響之流幾乎再也不單往一個方向而去。從大家對日本動畫之父手塚治虫的討論，以及手塚治虫依循多條文化支流而繪製出的世界，就可明確看出這種趨勢。Cosplay（角色扮演）是文化詮釋的另一例，這個源於世界科幻年會的美國出口產品，在日本遍地開花，成為發展完熟的次文化，隨後又彈飛回美國。Cosplay 文化重新進口到美國後，玩家盡全力保留日本 Cosplay 特色。在這類的案例，原本的起源已經遺失，甚或毫無意義可言。

總是會有新潮流興起，總是會有舊趨勢轉化成新型態，或整個消失不見。青年文化尤其是型態不斷轉變的一大類別。我寫過蘿莉塔時尚、動畫、漫畫，但還有另一股潮流持續不怠，我不願略過不寫，那就是「山女運動」。山女運動橫掃日本各地，京都有一群活躍積極的年輕女性投入其中。健行、登山、露營等戶外運動，結合時尚與靈性，成為單一的流派。山女努力學習電鋸、木工等戶外求生技能，跟隊員共同搭建遮風避雨之處。這些年輕女性衣著俏麗，是 Mont Bell 這類高消費體育用品店可找到的別緻風格。她們健行的時候，手持北歐式枴杖，背著色彩鮮豔、精心設計的背包，穿著近乎無重量的羽絨及膝包覆式登山裙。她們的目的地往往不是典型的歷史名勝，而是日本境內特定的能量景點。

「能量景點」是一九九〇年代以念力彎曲湯匙的超能力者清田益章率先創

造的詞彙，用以指稱地球散發大量靈性療癒能量的地點。隨著這股潮流的興起，市面上開始出現這類主題的書籍。舉例來說，若月佑輝郎就踏遍日本各地，北自北海道，南至沖繩，找出七十九處的能量景點。能量景點的觀光行程在日本愈趨流行，尤其受到年輕人的歡迎。我的女性學生當中就有好幾位喜歡做能量景點的報告。能量景點清單多半會納入下列三處：第一處是關東的富士山；第二處是屋久島，九州南端的離島，島上有高聳的日本柳杉（宮崎駿《魔法公主》電影的森林場景靈感來源）；第三處是伊勢神宮，位於關西地區三重縣，這片神道神社的建築群供奉的是日本的祖先神——名為「天照大神」的太陽女神，居住於光明、純潔、豐饒之地。這股最近興起的靈性潮流有個特色，能量景點不是日本獨有、排除他地，而是真正遍布全球。這類主題的日本書籍有些會建議以下景點：法國的聖米歇爾山、澳洲的艾爾斯岩、亞利桑那州聖多娜的巨型紅岩、埃及的金字塔。

雖然我並未參加能量景點的觀光行程，但是我敢打包票，關西地區肯定有能量景點，京都的鞍馬山絕對名列其中。森林圍繞的山谷裡，藏著一座天然溫泉，還有露天浴池。秋季，風箏在頭上飛旋而過；冬季，白雪輕柔飄下。唯有浴池終年氤氳蒸騰。這裡的山林也是靈氣療法創始人臼井甕男（一八六五年至一九二六年）靜修冥想之處。臼井甕男起初信奉天台宗，日後信奉真言宗，一九一四年在鞍馬山獲得治癒之手的天賦。然而，他最後離開關西，前往關東，在東京開設一間診所，傳授靈氣系統，他的弟子把靈氣療法從東京推廣到世界各地。靈氣療法正如日本帶給全球的眾多有形無形恩賜，都是源自於關西。

當你抵達關西時，山與海肯定在那裡迎接你的到來，寺院多半也都在那裡等著，但本書描述的許多地方——餐廳、咖啡館、店家——很可能受到時間變遷影響，在接下來的數十年，地點可能改變，開發計畫可能是地主無法掌控的，經濟可能變化莫測，其他無法預料的事件可能會發生。儘管或許有所變動，仍願諸位此後永遠都找得到自己想要的資訊。

參考資料

關西地區振興財團。關西之窗。www.kansai.gr.jp/en/index.html

Ishikawa Eisuke.Japan in the Edo Period: An Ecologically Conscious Society（大江戶えころじー事情）。Kodansha Publishing Co., Tokyo, 2000. http://www.resilience.org/stories/2005-04-05/japans-sustainable-society-edo-period-1603-1867

Maxwell, Catherine. "Japan's Regional Diversity: Kansai vs. Kanto," Omusubi No. 3. Sidney, 2005

Russel, Oland. The House of Mitsui. Little Brown and Company, Boston, 1939.

Sofue Takao. Kenminsei no Ningengaku.Chikuma Shobo. Tokyo, 2012.

福井
福井縣
京都府
兵庫縣
京都
滋賀縣
大津
神戶
大阪
津市
堺市
奈良
三重縣
大阪府
奈良縣
和歌山
德島
縣
和歌山縣
N
50公里
20英里

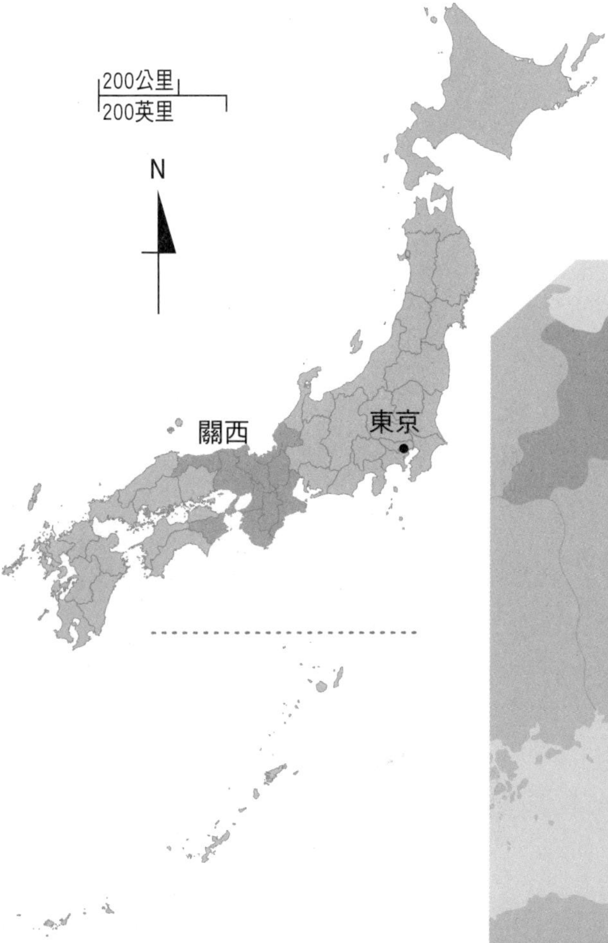
200公里
200英里
N
關西
東京

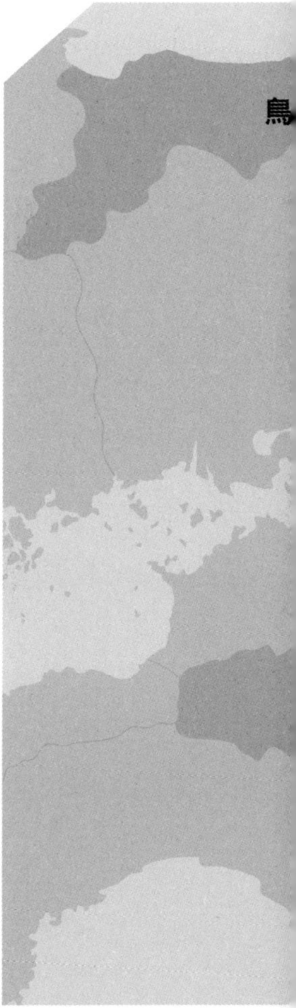

第一篇
自然

乾通商株式会社

第1章
感謝：日本的感謝課

我初次來到日本，就深深著迷於日本傳統文化的精緻優雅，香道即是其中一例。日本人對於袖珍之物（詩、樹、車，乃至於整體造景）的特異愛好，也叫我印象深刻，猶如日本俳句大師松尾芭蕉筆下的青蛙之聲，令人為之驚艷，同時又感觸不已。首先，日本的宗教傳統特別吸引我，日本友人對此仍然深感不解，成了雙方意見分歧之處。真言宗、修驗道、天台宗的神祕傳統文化，有無以計數、形形色色的禱文、儀式、冥想，還有手印、真言、一〇八顆念珠，再加上洗滌人心的瀑布以及淨化作用的護摩火供，都叫我心生熱切，但當中的緣由，又叫我如何解釋起？前述種種顯然是要讓整個身體和無數感覺投入其中，藉由全然的投入而非苦行棄絕的方式，讓紛擾的頭腦與心靈平息下來。我彷彿被席捲而去，體驗到全新的思維與感覺，沒有餘裕能容得下其他。唯有在意想不到的時刻，在措辭費解之時，在錯失暗示之時，我才心頭一驚，頓時意會到自己畢竟不是日本人，伊邪那岐和伊邪那美這兩位神祇並不是我的神話母體。這種認知失調讓我立刻想到敬祖這件令我費解之事，它猶如一塊我跨不過的絆腳石，畢竟我未曾經驗過，無從領會。

我住在偏遠的五島列島的那一年，研究過日本的「隱藏的基督徒」，當時的我料想自己會發現基督社區全然有別於列島上其他宗教傳統的信眾。迫害與保密的經歷確實讓這個團體在歷史上遭到孤立。然而，無論是佛教宗派、神道支派、「隱藏的基督徒」村子，還是新宗教、新新宗教，敬祖似是唯一共通的主題，把所有不同的派別全都捆在一起，流露出顯而易見的日本風。雖然敬祖是其他文明也具備的特色，日本的敬祖文化也跟中國和非洲一樣獨具特色，但是我立即面臨一道難題，日本的敬祖十分具體。跟敬祖有密切關聯的就是「供養」習俗，亦可以「法事」稱之。據我所知，光是死亡本身，就算死亡已久，也不足以讓死者變成祖先。根據部分的傳統習俗，要五十年的時間才能成為真正的祖先。在這段期間，準祖先需要生者悉心照料，不但要舉行無數的儀式，還要以水果、香、經文供奉，讓靈逐漸昇華，再授予「祖先」地位。而這就是重點所在，要達到祖先的地位，就要付出心力，而且無法獨自完成，全憑子孫後代的合作與善意。法事各有不同，卻都有長久又實質的連結，讓過去跟現在緊密相連。

我努力去理解這個費解的文化謎團，認知逐漸起了變化，我與父親的關係也從而徹底改變。這番改變應歸功於敬祖一事影響了我的想法。就舉個例子給讀者參考吧，有一段插曲正可用來說明我原先的態度。某年聖誕節，我離開日本，返回夏威夷。當時我弟正在讀攝影，他發現一張家族的舊相片，放大後就成了大家當年的聖誕節禮物。這張深褐色相片是十九世紀末在碼頭邊拍攝的，重現了我們父系祖先的面貌。當時他們正準備離開愛爾蘭，前往美國。照片中的他們身穿舊外套，頭戴怪帽子，有老有小，周圍擺著笨重的皮箱。我看了這張相片，第一個印象是：「我弟幹嘛非得要讓我覺得有負擔？」我的惱怒底下隱藏的潛台詞是：「我從來沒見過他們，也永遠見不到他們，所以我跟他們其實沒有關係。」我跟母親說，我的那張相片可以給她保管，我沒地方擺。

我弟的禮物肯定不是出於一絲敬祖之心，而是復古時尚的影響，再加上作家艾利斯．哈利的《根》出版之後，家族尋根的熱潮興起使然。在美國，幾乎人人的家族根源都在他處，大家無不需要快速去除自己的過去，以求成為「美國人」，結果導致自己與祖先的關係就此切斷，換來的是「白手起家」的男女成為楷模，視「自立」為美德。我受雇東京的藥科大學期間，某天，同事問我願不願意參加「實驗室動物供養」。我從來沒聽過這種供養，但不久便得知，我任教的大學一年會舉辦兩次追思會，紀念所有為了科學而「犧牲」生命的實驗室動物。當天下午，校園裡某棵大樹的樹蔭底下，實驗室的全體職員身穿白色實驗室外衣出席。雖然沒有「宗教」人員在場，但是追思會主持人發表了簡短的演講，然後望著白色的捲軸，唸出死去的動物種類與確切數量：天竺鼠四百隻，猴子二十二隻，小鼠七百隻等等。其他部門的大學職員也都出席追思會，默然肅立，垂首合掌。追思會設立的祭壇擺滿供品。一位行政人員站在附近，手提一袋香蕉和柳橙，分送給出席者。出席者在祭壇前排成一列長長的隊伍，在祭壇上依次擺放水果，燒香，說出簡短的禱詞。整場追思會佔平常工作日不到四十五分鐘的時間。

雖然實驗室的實驗導致各種動物失去生命，但是追思會的存在象徵著動物的犧牲並非徒然白費。動物的性命不是被利用完了就忘了，研究人員會舉辦一場負責的儀式，以細緻的手法表達紀念並致意。對當時的我而言，向實驗室動物表達感謝之意，是極不尋常之事，但我不久後便得知這只不過是日本文化的冰山一角。我愈是環顧四周，愈是發掘出其他同樣不尋常的紀念與感謝實例。日本珍珠業界巨擘御木本每年都會舉辦牡蠣追思會。向公司代表問及這項做法，對方以三段論的邏輯回應，公司賺的錢來自於販售珍珠，而珍珠來自於牡蠣。從前述事實看來，供養也是自然而然之事。我發現自己由衷贊同對方，我竟然提出這種問題，不由得心生羞愧。幾年後，我行經高野山的墓地，那裡葬著日本史上的知名人物。在天皇與將軍的墳墓之間，我經過了一幅不尋常的景象，某家除蟲公司豎立一塊大石紀念白蟻。這種文化上的抑制心態變得更為人知曉——剝奪生命以求維繫其他生命，或許是無可避免的人類困境，儘管如此人類仍應由衷表達感謝與尊重。

不久後，我得知追思會的對象擴及植物王國以及更遠的範疇。我見過菊花追思會，聽過櫻桃樹追思會，櫻桃木是用於製作日本許多住家都有的可愛圓柱形茶葉盒。不過，還有一點更令人詫異，就連「無生命的物體」也同樣獲得正式的紀念。過去，我學到的一直是「有生命」的世界與「無生命」的世界之間有條界線，但日本文化卻讓這條界線變得模糊起來。在佛寺裡，我望著身穿錦緞華服的和尚舉辦縫衣針法會，為求得縫衣針的安寧而誦念經文。出席者多半是女裁縫，她們把一整年斷掉的針都收好，等到出席年度法會時，再把斷掉或鈍掉的針擺放在祭壇上新鮮的嫩豆腐上面。這個概念很有說服力，我不由得思考，假使我是斷掉的針，肯定也喜歡躺在一塊舒適的豆腐上面。由此可見，這類儀式的用意是培養參加者與觀察者的同理心。無論是佛教的針供養、神道的舊梳追思會、山伏的毛筆火供，還是科學家為實驗室動物舉辦的無宗教性質的追思會，日本沒有什麼是微小得或瑣碎得無法成為供養對象。這種做法最是能彰顯出日本文化處處可見的深刻感謝之意。在這份情感底下，隱含著萬物相連的世界觀。

等到下一次回夏威夷過聖誕節時，我已在日本觀察過無數的供養。不過，唯有回到家鄉的時候，追思會的經驗才首次結了果。某個星期天，父親與我在客廳裡靜靜對坐，交換報紙看。突然間，我抬頭一看，發現他的腳和我的腳竟是如此相似。父親與我其實是由同樣的肉身構成的，我這輩子頭一次對此心生體悟，猶如遭到電擊。旁觀者肯定會覺得這件事實再明顯也不過，畢竟我們是父女。然而，在這一刻以前，我從來沒有實際去「體驗」這件事實。我對自己說：「這是我爸！」這句話簡直是人生的頓悟，更是個轉捩點。眼前的這個人是主要造就我肉身之人，英文不足以表達我當下的感受，日文卻有適當的詞語可表達我的感謝之意——okagesama de（托您的福）。日本人每天都使用這句話來回應下列常見問題：「Ogenki desu ka?」「Hai, genki desu. Okagesama de.」（「你好嗎？」「很好，托您的福。」）這句話不僅傳達出相互連結的人際關係，也在日常的交流之中，再次肯定此概念無數次。至於含有「itadaku」（「我收到了」，謙讓語）、「kureru」（「給我」，平語）、「kudasaru」（「給我」，敬語）等用詞的其他句子，則是強調了領受者的感激之情。就我的例子來看，那個反思的片刻雖是短暫，卻讓我開始把自己目睹過的多場供養轉譯成自身的文化表現方法。最後，我獲得某種啟蒙，了解到敬祖的意義在於人際關係的連結，就像是我與父親共同有過的經歷，只不過是一代代反覆顯現遙遠的過去。我之所以能有這樣的認知，全都是因為敬祖一事最初帶給我的不解。

貫穿日本社會各個範疇的文化主題並不只是供養而已，感謝之意也是共通的主題。名為「內觀療法」的當地心理療法，即專門利用該主題治療各種疾病。所有的存在都含有相互依存的意味，因此人類基本上是相互欠債，而內觀療法就是根據這番人生哲學充分自省，日本有許多監獄與醫院都採用內觀療法進行矯正。即使人類打從出生以來，就藉由無數有形又明顯的方式受到他人照料，卻往往還是徹底忘掉自己接受過的許多善行。內觀療法為了處理這個問題，採行有組織的三問題冥想法：「我收到什麼？」「我給出什麼？」「我造成什麼麻煩？」內觀療法的當事人一開始要專注想著自己的母親，早上六點半到晚上九點都要坐在白色屏風或隔板的前面，不斷回想出生後一直到當下此刻的回憶，為期一週之久。冥想期間的回憶以三年為單位，內觀療法的治療師每隔幾小時就會跟當事人閒談五分鐘，只問一個問題：「你觀察到什麼？」除了這類短暫的訪談外，到了用餐時間，還會在當事人所在的房間，播放內觀療法錄音內容，作為唯一的外在刺激。錄音裡的民眾說出證言，熱情敘述自己如何透過內觀療法，發掘內心的隱形世界裡埋藏的珍寶，進行內觀療法「練習」之後，不但心態淨化，自身的心理狀態與社交關係也大幅改善。至於無法治癒的疾病，最起碼病患的精神（若非疾病本身造成）可藉由培養感謝之心獲得療癒。如果能順利度過內觀療法頭三天的疲乏、無聊、抗拒，那麼歷歷在目的回憶就會開始湧上來，淹沒意識。等到開始細數父母支出的尿布費用一直到大學學費之時，「白手起家」的觀念似乎就成為方便卻荒謬的說法。人之所以能存在，必然要「歸功於」他人或他物。

前來日本的旅客肯定像我一樣，對多樣化的日本文化感到目眩神迷。古老與現代，俗世與宗教，同時並存於日本，引人注目，不由得站在斷裂與不延續的角度看待日本文化。至少這種角度可以解釋那些看似同時存在卻又互斥的世界。然而，在明顯不延續的景況底下，其實都隱含著價值觀的延續，許多截然不同的新舊做法因此得以具體化。日本文化寶庫深奧又豐富，也能依時代的需求與精神進行自我改造，足以證明日本文化的適應力與創造力有其淵遠的歷史。這類的改造並非出於任性獨斷，而是汲取全部的價值觀得來，而日本長久以來首要的價值觀就是感謝之意。感謝的價值觀不僅展現出人際關係網的錯綜複雜，也顯露出環境的錯綜複雜。無論是古老的大和民族，還是後現代的日本，對於感謝的價值觀都是同等看重。多虧日本，我才能學到這堂寶貴的感謝課，這份恩情我永遠無法全部回報，不過最起碼我能鳴謝這份恩情，以此作為第一步。

實用資訊

內觀療法中心

631-0041 奈良市學園大和町三丁目 227

電話：0742-48-2968

http://www4.ocn.ne.jp/~naikan/eng-06.html

第2章 水之道：京都的水文化

京都是富含文化底蘊的城市，提及京都，往往就會想到知名的寺院與神社，還有出色的藝術品，但在當地居民的眼裡，京都首要是「水城」。清澈豐沛的流水總是在眼前，深深影響著京都人的物質生活與精神生活。自然環境肯定會塑造人類文化的發展樣態，不過嚴格來說，自然環境永遠無法左右最終的結果，是人類憑藉自身的才智，提出建議與可能的方向，塑造出最後的結果。以京都為例，流水由三面的丘陵進入城裡，眾多的河川、溪流、運河貫穿京都城四處，構成一幅生動優美的風光，滋養出穩固又流動的文化，留下傳統承襲的印痕。

水的特質為各個文化層面帶來啟發，諸如烹飪、宗教、美學、工業、道德觀等層面皆深受影響。就食物而言，豆腐、米飯、清酒、茶、甜點，皆有賴於京都之水的純淨與豐沛。在觸感上，京都之水多半柔滑如絲；在口感上，或帶土味，或帶木味，或帶著某種清澈透明的滋味。而清透的滋味尤能引出其他食材的天然滋味，於是精緻的京都料理發展出以水為主、搭配蔬菜豆腐的餐食，水正是京都料理的精髓所在。少了品質自成一格的水，傳統的茶道及其極簡的元素就幾乎不得問世。

水總是有其去向，挑動人心，又易受挑動。流水的表面永遠變動不止，佛教的無常觀點因而有了積極又具創意的刺激，這又恰好與落櫻所引發人生如蜉蝣的消極觀點形成對比。池塘瀑布成了寺院庭園的必備特色，經巧手設計，風一吹皺水面，如夢似幻的光影即投射在毗鄰寺院與別墅的紙門上，銀閣寺即是一例。清簡素樸的枯山水，巧妙置放沙與石，表現遠方海洋的波濤與漩渦，以抽象的手法引人想像眼前所見其實是水。神道、佛教、修驗道的淨心儀式，無論是站在瀑布底下，還是用一桶桶冷得令人抖擻的水潑濕自身，全都源自於內心深切渴望自己能與清澈純淨的水融為一體。就其本質而言，水本來就會隨著盛裝的容器而改變形狀。從這項特質就能看出佛教提出色空觀背後所蘊藏之智慧，還有那種無論處於何種局勢，都堅守著靈活應對的社會價值觀與處境倫理。

在京都的水文化中，除了水的滋味、色相、觸感以外，水的聲響也同樣重要。有好幾樣器物的發明是為了捕捉水聲。水琴窟是用水彈奏的樂器，一只鑽有孔洞的甕顛倒放置，埋在地底，水滴入甕內，發出聲響，永觀堂（又名禪林寺）即有水琴窟可賞。水穿過孔洞，懶洋洋滴落，甕身共振，有如龍體發出樂聲。添水是小型的竹製蹺蹺板，置於水盆上方，水由竹筒的兩端交替流出，平衡的重心輪流轉移，竹筒敲石發出聲響，有驚擾鳥雀的作用，堪稱為京都版的稻草人。添水清脆敲石的聲音響亮、規律、永不休止，是京都城裡的夏季之音。

周圍丘陵的溪流鑽入地底，形成連綿的伏流，再分別從深淺不一的地底處汩汩冒出地表，滋養京都城一千兩百年之久。京都城其實座落於埋藏的珍寶之上，地底有巨大的天然地下水庫，東西長十二公里，南北長三十三公里，蘊藏水量達兩百七十五億立方公尺。這片龐大水系的主脈構成京都城的心臟地帶，下鴨神社、京都御所、神泉苑為其界線。

下鴨神社位於高野川與鴨川的匯流處，長期守護京都的水域。其實，水域的守護與管理往往跟水資源豐富的神道神社有關，時至今日仍有許多居民（連同本人在內）前往那些以水聞名的神社，汲取井裡的水飲用。譬如京都御所附近的梨木神社，那裡的水就很受歡迎，有時還要排隊才能取水。還有無以計數、知名度不高卻適宜飲用的水，為附近鄰里所珍惜。

十九世紀，日本首都由京都遷至東京，古老的京都城以水之作風回應棄都一事。京都城興建全新的主要水道——琵琶湖運河，自行改造成現代化的城市。琵琶湖運河如今連結京都城與日本最大湖，更是京都城目前的自來水源頭。京都城後來還實施另一項大規模的計畫，在一九五〇年代建造地下鐵系統，若干重要水脈遭到截斷，城裡部分的珍貴水源從此枯竭，依賴水源的當地豆腐坊也為此煩憂。

京都的發展對地下水系統持續造成重大影響，但地下水系統卻是京都城的文化認同源頭。二〇一〇年至二〇一一年，梅小路公園興建巨大水族館一事，引發民眾多次抗爭，由此可見，胡搞古老的水系是多麼敏感的課題。在有些情況下，水域可恢復過往的活力。堀川曾有一部分埋藏於數公噸的混凝土底下，長達五十五年不見天日，如今再度現身於地表，流經沿岸的公園。無論今與昔，堀川皆是友禪染的中心。友禪染的染製過程現已遭到禁止，昔日是將一匹匹長條的綢緞置於流水表面，藉以去除多餘染料，製出知名的鮮活色彩。

京都努力在發展需求與歷史保存需求之間取得平衡，而水正是京都城文化記憶的關鍵環節。居住在京都這樣的古城，有諸多的樂趣，而時時見到水的景象、聽到水的聲音，或許是最大的一件樂事。從鴨川、高野川、桂川、白川（含較遠的保津川與宇治川）等大河，一直到高瀨川、禊川、琵琶湖各條水道等主要溪流，水都是不停歇地流動。就連墓地也是用五輪塔紀念水，石塔以不同的幾何形狀表現宇宙的五大元素，在代表地的立方體上方，就是代表水的球體。閃閃發光的一滴水，變化萬千，亦是所有生命的根本——水即是如此。

實用資訊

梨木神社

602-0844 京都市上京區寺町通與廣小路交叉口往北走的染殿町 680

電話：（075）211-0885

www.nashinoki.jp

永觀堂

606-8445 京都市左京區永觀堂町 48

電話：(075) 761-0007

www.eikando.or.jp

第3章 竹之精神

俗話說：「狂風暴雨折斷樹木，柔韌之竹只是彎腰。」竹子具備韌性十足的力量，因而成為優異的材料，還能用在意想不到的地方，例如可作為當代風土建築的主要建材，竹漿嫘縈布料可做成垂墜感十足的柔軟衣物。

竹子屬於禾本科植物，據聞是世上成長速度第一的植物。竹子的構造猶如鳥骨，竹節中空，十分輕盈。竹子在日本遍地可見，竹色更是五顏六色，令人為之驚嘆，有漆黑色、銀藍色、碧綠色、黃色、褐色，甚至有條紋。

竹子可編織成精巧如針織品的竹籃，牢固的竹片可製成扇子雨傘。竹子頂端有如刷子的部分，用麻繩捆好，就成了上等的竹籬；竹子的殘根，用在尺八竹笛的漏斗式末端，就能吹出巧妙的笛音。竹炭有淨水除臭的功效，竹筍可炸成天婦羅，滋味鮮美如朝鮮薊心。

京都市西京區洛西竹林公園的博物館，只有一間展覽廳，卻收藏了八世紀竹製排水管路系統的殘跡。然而，最吸引我的那則故事，後來引領我踏上追尋之旅的那則故事，其實是美國發明家愛迪生（一八四七年至一九三一年）與京都竹子之間，那段令人意想不到的關係。

根據博物館的說明文字，愛迪生當時正在尋找合適的燈絲材料，材料必須耐久燒，才具實際價值，可用在電燈泡上。偉大的發明家愛迪生從自己設立的紐澤西實驗室派出好幾位人員，前往各國尋找合適的材料，測試過的植物纖維多達六千種左右。

結果發現最耐久燒的材料恰好生長在京都府八幡市的竹林。剛竹（學名Phyllostachys bambusoides）創下了燃燒兩千四百五十小時的紀錄，劃下了全球電力革命的開端。接著，愛迪生成立愛迪生電燈公司，使用京都的竹材製造電燈泡。根據一八八三年查爾斯．佩德森（Charles E. Pederson）撰寫的《愛迪生傳》一書，紐約的梅西百貨成為第一家使用鎢絲燈泡的企業。

不過，我對愛迪生的故事感興趣，其實是出於個人的動機。一九〇〇年，我祖父連同其父母手足離開義大利中部，經由埃利斯島來到美國，他在奇異公司（一八九二年因一樁併購案而創立的公司）擔任繪圖員長達四十七年，協助 GE 標誌的重新設計作業。日本宗教團體「電神教」崇拜愛迪生，我略有所知，卻未曾見過有人跟電神教有一點關係。

根據一九四九年的報紙文章，日本政府部門在商討電神教是佛教、神道還是別種宗教之後，決定許可電神教成為正式的宗教團體。電神教崇拜愛迪生神，於是政府部門把電神教劃為神道。電神教讓人有機會對電力、和平、科學知識，表達感謝之意。

從八幡車站走到石清水八幡宮，沿著愛迪生路步行，經過愛迪生的半身像，全程約需二十分鐘。石清水八幡宮興建於八五九年，座落於男山的山頂。男山的竹林蒼翠繁茂，當初愛迪生派出的人員就是在此地找到竹材，開啟了電力時代的大門。石清水八幡宮負責鎮守京都這座舊時首都西南方的鬼門，比叡山的延曆寺負責鎮守東北方的鬼門。石清水八幡宮的庭園設有愛迪生紀念碑，一九三四年起，一年會舉辦兩次祭典紀念愛迪生。

愛迪生的生日是二月十一日，恰好是日本的國慶日，神道神社慶祝日本「誕生」，祈願日本繁榮昌盛。石清水八幡宮在中午舉辦祭典，隨後神社的神官、神職人員、當地人會聚集在一起，共同感謝愛迪生。今年我加入他們的行列，因為我想到祖父肯定會覺得這整件事很有趣。

然而，石清水八幡宮跟電神教毫無關係，而且電神教現已解散，石清水八幡宮的神官更是不認識電神教的人。還有一點更叫人摸不著頭緒，日本有好幾個非宗教性質的愛迪生團體，例如京都八幡愛迪生協會、愛迪生崇敬會等。

「愛迪生是神嗎？」我向櫻井宣人如此提問，他是位年輕的神官。

「以前的人或許會把愛迪生當神看，但現在不會了。」櫻井答道，他停下動作，想了一會兒。「神道的基本信念在於我們人類的存活有賴於水、樹木、自然。我們由衷表達感謝的範圍超乎國家的疆界。多虧了愛迪生的發明與才智，大家的生活才得以豐富起來。他把光給了我們，而這件事之所以能成真，最初還是要感謝這座神社周遭的大自然。」

這裡的人認為大自然與靈活的人類智慧可以共同合作，以近乎超出常人的角度領會大自然的奧秘，愛迪生因此在日本大受歡迎。不久之後，我發現石清水八幡宮並不是唯一一間跟愛迪生有關係的神社。鄰近的嵐山，真言宗的法輪寺園區內，有一間名為「電電宮」的神道神社，專門祀奉古老的電神「電電明神」。電電宮設有石塔與石碑，用以紀念愛迪生，以及發現電磁波的德國科學家赫茲（一八五七年至一八九四年）。

參觀完神社，返家途中，我停留在三條通北面的籠新，鴨川往東走十分鐘即可抵達。籠新於一八六二年開業，當年附近鄰里都在製作竹藝品，劈啪聲響處處可聞，一片嘈雜景象。舊時的東海道，如今只餘兩間店鋪，周圍盡是現代建物。第五代竹藝匠師森田新太郎正在製作竹籃與竹瓶，女兒艷子（音譯，

Tsuyako）在他身旁工作，負責經營店鋪，處理公關事宜。

艷子說：「秋天砍下竹子，二月三月製作竹器。」籠新多半使用剛竹，亦即愛迪生當年使用的竹材。

艷子露出笑容，說：「愛迪生也派人來找們店裡問竹子的事情。」奇異公司以前都會寄聖誕卡給森田家，於是我跟她說了我祖父的事，說 GE 標誌的設計，我祖父出了一份力。

我倆交談之後，我更瞭解京都這類地方的人是怎麼想的。人際關係——國家或許也是如此——猶如地底下竄爬的竹根，有時會行至遙遠之處。

實用資訊

洛西竹林公園

610-1112 京都市西京區大枝北福西町 300-1

電話：（075）331-3821

www.17.ocn.ne.jp/~park/English.html

錦水亭（以竹筍料理見長）

617-0824 京都府長岡京市天神 2-15-15

電話：（075）951-5151

www.kinsuitei.co.jp

石清水八幡宮

（二月十一日：愛迪生的生日；十月十八日：愛迪生的法會）

614-8005 京都府八幡市八幡高坊 30

電話：（075）981-3001

www.iwashimizu.or.jp.

法輪寺

616-0006 京都市西京區嵐山虛空藏山町 68-3

電話：（075）861-0069

北原精華堂（尺八竹笛作坊）

604-0002 京都市中京區室町通與夷川通交叉口往北走的鏡屋町 36

電話：（075）231-2670

www.k-seikado.com

籠新（竹器）

京都東山區

每天早上九點至晚上六點

電話：（075）771-0209

第4章 聽香

薰香的世界富有召喚的力量，能喚出動人的原始意象。乳香為金色樹脂，取自乳香木，乳香木生長於地勢險惡之處；龍涎香取自抹香鯨排出的魷魚喙殘骸；沉香是東南亞熱帶的沉香木在危及生命的黴菌感染下產生的免疫反應。

沉香加上檀香，即構成傳統日式薰香的主要香味，薰香可分成線香、香丸、盤香、香粉等。《日本書紀》是日本第一筆記載沉香木的文獻，據書中所言，五九五年，一根沉香木漂到兵庫縣淡路島的岸邊。據聞本州與四國之間的島民一開始是把找到的沉香木當柴燒，但燒出的香氣驚人，島民連忙熄了火，將沉香木上呈至奈良的皇宮。聖德太子認出那根流出樹脂的木頭是珍貴的沉香木，樹心部位的樹脂是香木當中最高級的伽羅香。

時至今日，淡路島西北岸、面對瀨戶內海的枯木神社，仍把沉香奉為祭祀對象。淡路島也是薰香老舖薰壽堂的創始地，薰壽堂開業於明治時代（一八六八年至一九一二年），專門製作錐香與印香。薰壽堂的明石省三表示，淡路島製造的薰香約佔日本薰香的百分之七十。淡路島的江井是薰香製造的中心，江井約有一半人口從事薰香產業。薰香業的蓬勃發展，其中一項因素就在於淡路島的降雨稀少，還吹著季節性的西風，是曬香的理想環境。

薰香與佛教

日本的薰香文化是跟佛教和傳統中藥共存共榮。薰香是宗教儀式的必備品，有淨化空氣的作用，而且線香或薰香燃燒會留下痕跡，可用來衡量時間已過了多少小時。薰香亦有驅蟲的功效，可保存經書與法衣。丁香、檀香、樟腦尤其有效，更是日本各大薰香公司製作香袋的主要材料，即使時至今日，也是如此。

療癒必然涉及身心兩個層面，佛教、藥物、薰香三者間的界線一開始就很模糊。薰玉堂是京都西本願寺對面的薰香舖，一五九四年創立，原本是中藥行。薰玉堂董事山口浩樹表示：「大家起初都認為薰香的材料具有藥效，覺得沉香可以降低血壓。以前買香是為了有益健康，不是因為喜歡香氣。」

松榮堂——一七〇五年成立的知名薰香集團並設計出熱門的芳輪堀川系列薰香——位於二條通，應當絕非偶然。昔日，丁香商人經由舊時繁榮的長崎縣與沖繩縣港口，把中藥進口到京都的二條通。松榮堂畑氏第三代在鄰近的京都御所工作，習得調香技術，離宮後專門製香，很容易就能取得調香的材料。

唐代高僧鑑真（六八八年至七六三年）是將薰香引進日本的重要人物。七五四年，奈良佛教興起初期，鑑真抵達日本群島。鑑真宣揚律宗，引進薰香配方與香材，薰香因而製成球狀，調香材料也從而豐富起來，還沿用中國傳統的隔火薰香法，把小小的炭球埋在一杯

香灰當中。

日本跟中國一樣，薰香原是宗教用途，逐漸為民間所用。調製多種香材，燃出有香氣的煙，不但要有手藝，還要有心靈上與藝術上的想像力。香道始於平安時代(七九四年至一一九二年)，到了室町時代(一三三六年至一五七三年)才成為正式的一門技藝，有了「聽香」的儀式。聽香必須細心準備香杯與特殊器物，將香灰塑形成小山狀，山頂放一小片雲母，再放一小片的方形木片或香丸，即可隔火薰香。聽香發展成各種薰香消遣，與會者相互比試較量，或是調製最美的香味，或是玩猜香遊戲。

室町時代，第八代將軍足利義政(一四三六年至一四九〇年)愛好薰香儀式，蒐集香木。足利義政將軍退位後，在京都東山的山莊(即今日的銀閣寺)設有香室(弄清亭)，是日本唯一保存至今的香室。

然而，正如大部分的日本文化，當時精緻的日本香藝仍不為他國所知，長久以來皆屬罕異之事。等到一八九三年的芝加哥世界博覽會，才開啟了日本文化大門，日本的薰香與禪初次登上世界舞台。

手工調香

數百年來，日本人從大自然的寶庫中取得數種材料加以混合，或者只採用單一材料，調製出薰香這種精神食糧，而日本人對薰香的熱愛也因此持續不怠。我在京都參加了山田松香木店開設的製香工作坊，有了更深切的體會。山田松香木店販售天然精油、藥材、香木，位於京都御所的西面。店內有一面牆設置數百個抽屜，另有一面牆掛著巨大的獨角鯨螺旋狀長牙，一盒盒用各種香木製成的佛珠。

店家引領我們九個人前往後面的房間，調製軟如陶土的傳統黑色香丸。我們使用九種材料加上自選的三種材料，還可選擇麝香。以沉香與檀香作為香丸基底，加入丁香、龍腦香、穗甘松、開心果、墨，調製出一致的黑，再用李子水拌勻，最後加入貝甲香（卷貝的殼磨成的粉），調勻全部材料。大家態度認真，顯然興致都很高，而且調出的香沒有一個是相同的。

日本各大薰香製造商務求創新，除了佛教祭壇與儀式採用的傳統調香外，還推出現代的產品系列，開發出多種新奇的香味，例如咖啡、綠茶、葡萄柚，甚至薄荷。雖說如此，可別輕易斷下定論。咖啡薰香的材料並非取自咖啡樹，而是運用咖啡的概念，創造出咖啡的氛圍，並不是燒出咖啡的香氣。製香師有如設計師，也不亞於時裝界的設計師，差別在於製香師處理的是最為虛無縹緲、轉瞬即逝的布料。瑪麗蓮夢露曾說：「我只穿香奈兒五號香水睡覺。」這金句名言就道盡一切，香味不是配件，香味如同服裝般基本又重要。

實用資訊

薰壽堂

656-1521 兵庫縣淡路市多賀 1255-1

電話：（0799）85-1301

www.kunjudo.co.jp

薰玉堂

600-8349 京都市下京區堀川通西本願寺前

電話：（075）371-0162

www.kungyokudo.co.jp

松榮堂

604-0857 京都市中京區烏丸通與二條通交叉口往北走

電話：（075）212-5590

www.shoyeido.com

銀閣寺

弄清亭香室

606-8402 京都市左京區銀閣寺町 1

電話：（075）771-5725

山田松香木店

602-8014 京都市上京區勘解由小路町 164

電話：（075）441-4694

www.yamadamatsu.co.jp

梅榮堂

590-0943 大阪府堺市車之町東 1-4-1

電話：（722）29-4545

www.baieido.co.jp

第5章 珍珠之母：琵琶湖

琵琶湖是珍珠的同義詞。這座日本最大淡水湖位於京都市附近的滋賀縣中心地帶，約在四百萬年前至五百萬年前形成。琵琶湖是日本淡水珍珠養殖起步之處，自一八九〇年代起，日本一群研究人員開始試驗珍珠養殖，先是三重縣英虞灣的牡蠣，後來是琵琶湖的貽貝。

直到一九一〇年，研究人員終於研發出第一批有商業價值的養殖淡水珍珠。御木本幸吉（一八五八年至一九五四年）雖非淡水珍珠養殖技術創始人，但是拜他的商業頭腦之賜，珠寶產業的「文化創新」於焉萌芽，珍珠不再是少數富人才買得起的珠寶，家庭主婦與職業婦女都買得起經典的珍珠項鍊。

根據資料顯示（包含御木本真珠島公司的資料在內），御木本及同僚製造珍珠的方法，是將組織細胞片——牡蠣珍珠是用珠子——植入貽貝的外套膜。

此時就像是沙粒進入貽貝後會發生的情況，組織細胞片有催化劑的作用，會刺激貽貝生產珍珠層（亦稱珍珠母），這是一種如同珍珠般的物質。貽貝殼本身是由珍珠層構成，色澤如虹彩的貝殼內側即為珍珠層。珍珠層會以同心圓的構造把侵入的顆粒一層層包覆起來，形成特殊的虹彩或彩虹效果，亦稱「珍珠光澤」，這種珠光可決定珍珠價值的高低。

琵琶湖的珍珠生產之時，恰逢天然海水珍珠產業處於全球大衰退時期。御木本研發的新技術不需要潛水伕採珍珠，淡水珍珠還有以下的優勢：一只貽貝能植入多個組織細胞片，最多可產出二十顆珍珠。從消費者的角度來看，名為「琵琶湖珍珠」的小顆淡水珠寶之所以魅力迷人，起碼有一部分就在於其前所未有的色彩（淡紫色、桃子色、粉紫色）以及不規則的形狀，不過各種形狀都是從基本的米粒形變化而來。設計師帕洛瑪——畢卡索之女——是琵琶湖珍珠的愛用者，她的經典之作就是將多條珍珠扭轉成一大條項鍊，名為「扭索鍊」，琵琶湖珍珠因而流行起來。

儘管如此，御木本起初飽受世界各地的批評。珠寶商和消費者指責御木本的養殖珍珠是「冒牌貨」，原因在於御木本的珍珠是人工干預得來的產品，不是天然產生的產品。然而，御木本珍珠有純然之美，價格經濟實惠，終究克服了逗留不去的阻力，多半時候都能稱霸二十世紀的日本珍珠產業。很多日本人都知道琵琶湖是御木本珍珠的「母親之湖」，無論淡水珍珠的原產地在何處，往往仍以 Biwa（琵琶）稱之。

當時的珍珠養殖場以琵琶湖東岸的近江八幡地區為最多，但今日的產量已微不足道。琵琶湖環境研究所資深研究員熊谷道夫表示，大多數的內港原本都有多家珍珠養殖場，後來一九七〇年代開始興起一股潮流，內港陸續填平作為稻田之用。除了海埔新生地的因素，一九七〇年代晚期，度假村、農藥、琵琶湖周圍產業的興起，也開始對琵琶湖造成污染，於是珍珠產業把重心移轉到中國。

然而，不管有沒有珍珠，日本人對琵琶湖的敬意或可追溯回兩萬年前琵琶湖沿岸的人類聚落。根據琵琶湖的起源神話，富士山與琵琶湖的關係密不可分。據說當時地震如雷鳴，大雨傾盆，之後，天空晴朗起來，露出一整片無垠的藍，覆蓋於土地之上；同時間，在遙遠的駿河國平原，一座山在爆炸中誕生，那是今日的富士山。從近江藩（現今的滋賀縣）的山丘上望去，就會發現湖泊竟然狀似中國的四弦琴——琵琶，而這正是這片寧靜水域的名稱由來。

琵琶湖有四座島嶼，分別是竹生島、沖島、獨島、沖之白石。只有沖島有頗具規模的社區，至於位於琵琶湖北部中央的竹生島，則是重要的朝聖地。竹生島有八世紀的寶嚴寺，祀奉觀音與辯才天。辯才天是口才與音樂女神（通常是手捧琵琶的形象），源於印度，原名為梵語，意思是「有水者」，今日的琵琶湖供水給近畿地區的一千四百萬人。

早在珍珠生產之前，就有詩歌詠頌近江藩的湖泊與地區。十七世紀，近江八景成為文藝作品慣常出現的意象。浮世繪大師歌川（或稱安藤）廣重（一七九七年至一八五八年）即繪有《近江八景》，以一系列風景畫描繪南岸景點。

琵琶湖是藝術與詩詞的主題，是人類數千年來賴以維生的根基，它灌注成百上千條的小溪大川，動植物逾一千種，由此可見，日本母親之湖的稱號，的確名符其實。冬季以外時節，遊人可騎自行車遊覽風光，幾天時間就能環湖一圈。冬季大雪之際，北面步道封閉，琵琶湖就只能遠觀，閃閃發光的湖面，有如碩大的藍色珍珠，燦爛又寧靜。

實用資訊

琵琶湖博物館

525-0001 滋賀縣草津市下物町 1091

電話：（077）568-4811

www.lbm.go.jp/english

佐川美術館

524-0102 滋賀縣守山市水保町北川 2891

電話：（077）585-7800

www.sagawa-artmuseum.or.jp/

琵琶湖遊客中心

520-0806 滋賀縣大津市打出濱 2-1「Collabo 滋賀 21」6 樓

電話：（077）511-1530

www.biwako-visitors.jp/

第二篇
產業

第6章
京都的和服腰帶：綁住傳統，繫住將來

假如時尚業要列出瀕臨絕種的服飾，除了奧地利傳統的 Dirndl 女性服飾、蘇格蘭男用短裙外，和服腰帶肯定榜上有名。不過，和服上的長腰帶終有一日會不復存在，還是令人難以置信。腰帶是整套和服必不可少的配件，日本人出席婚禮、花藝展、茶道或香道儀式、能劇、歌舞伎表演（簡言之，凡是要表現出日本味的活動皆屬之），和服腰帶最起碼都算是應當穿戴的典禮服飾配件，從這點來看，和服腰帶確有利基。

和服與腰帶位居劣勢的範疇在於日常的穿著。日本男性早在明治時代就開始穿起現代西方服飾，日本女性一直等到戰後時期才放棄了繫有腰帶的和服。放棄傳統服飾一事，之所以會有性別差異，從美學立場來看就可略知一二，女性承受的損失遠多於男性。十五世紀末以來，男性和服腰帶少有變化，而和服的原型——小袖——卻成為男女性的標準服飾。男性腰帶缺乏多樣性，也沒有美化的作用，因此仍保有早期的型態。男性腰帶採用白色、灰色或黑色的絲綢，寬度不逾九公分，只要在背後簡單打個結或者塞在腰部，腰帶就繫好了。

反之，以女性為主的和服腰帶產業，卻提升了腰帶的地位，腰帶成為日本女性熱愛的配件。珊瑚製或瓷製的扣件美化了外側那條用來繫緊腰帶的細繩。蝴蝶結裡塞有小襯墊，金蔥線織成豔麗的背景，襯得精緻的鳥禽、花卉或樹木圖案更是加色。負責製作腰帶的製造商、設計師、染工、織工，針對八世紀就從中韓兩國傳進日本的這門技藝，不斷加以改良。至於腰帶的尺寸與位置（繫在前面、側面還是背面），日本人數百年來更是見解不一。十八世紀，腰帶繫法逾二十種，腰帶的繫法可傳達年齡、地位、婚姻狀況，猶如西班牙人曾以扇子表達情感。

到了江戶中期（一六〇三年至一八六七年），腰帶的長度、寬度、位置終於有了一定的標準。後腰繫法是最能固定腰帶的繫法，或許是華麗的絲錦緞重量日益加重、體積日益加大所致。腰帶絕對是和服的主要裝飾品，不僅實質上可吸引目光，將女人身體分為將近相等的兩半，一件和服還能搭配不同的腰帶，表達季節氛圍，或傳達社交訊息。只要有一堆腰帶，儘管衣櫃裡只有寥寥幾件和服，也能搭配出不同的感覺。

今日，京都的專門店、百貨公司、跳蚤市場販售之腰帶分成三大類型。這三大類的腰帶在「咆哮的二〇年代」（即大正時代，一九一二年至一九二六年）很受歡迎，鈴木清順導演的超現實電影系列——有《大正浪漫三部曲》之美稱——即呈現出若干迷人至極的和服與腰帶搭配。跟一般的腰帶相比，最正式的丸帶是以最精緻華美的絲錦緞製成，沿著長邊縫製一條縫線，讓腰帶變成雙層厚度，長度為四百二十公分，對折後的寬幅最多可達六十八公分。然而，丸帶的重量令人不適，材質僵硬，所費不貲，導致丸帶目前相當少見。袋帶的尺寸跟丸帶一樣，但內襯的材質跟正面的純絲或綢緞稍有不同，因此往往能雙面穿用。名古屋腰帶的長度短於袋帶和丸帶，而且是對折縫起，易於穿戴。名古屋腰帶方便穿戴、色彩明亮，頗受年輕女性青睞，在今日的市場上是頗受歡迎的腰帶。

五百年來，京都御所西面的西陣區向來是日本和服腰帶、絲錦緞、斜紋織物、薄紗的製造中心。狹窄街道的兩側有兩樓高的木造排屋，名為「町屋」。以前的織品工匠與大盤商——負責安排織品生產並販售成品給批發商——都是住在町屋。獨特的格子門與町屋的正面通常都漆上紅赭石顏料，可驅離飛蛾，免得絲織作坊蒙受損害。「西陣」不僅可用來指稱京都的西陣區，也可用來指稱西陣織法與西陣織品。

在前現代時期的日本，織布在傳統上是男性的職業，不過女性通常會負責織布機的準備作業，她們坐在織布機上，依照設計的圖案，整理染色的紗線。到了十九世紀，日本積極踏上現代化路線，日本政府派遣京都的三名織品專家前往法國里昂，學習全新的編織技法。織品專家把提花裝置帶回日本，提花裝置使用數百張打孔的卡片，用以控制圖案的設計及整理手搖紡織機的紗線。提花裝置及其後推出的動力織布機，使得婦女無需再擔任人工提花機的角色，可以成為名符其實的織布工。日後的創新發明，更是讓使用磁碟片的電腦化提花機取代舊式打孔卡裝置。

這類技術創新促成西陣紡織業徹底轉型，原本是織布工獨自在家中工作，後來演變成家庭承包製作，一家子都在家使用織布機工作，織布機可能是織布工持有，可能是向製造商承租使用。無論織布機是誰持有，製造商一律會提供原料給在家工作的織布工，按件數付款。戰後時期，小型的工廠或作坊終於在西陣區發展起來，一家工廠或作坊會雇用十名至二十名的織布工，從上午九點工作到下午五點，領取時薪。

儘管人力增加，紡織業還是

在一九八〇年代步入衰退，每年有數十家製造商被迫關門歇業，幸運存活的業者不得不暫時採行大幅緊縮的生產模式。衰退主因在於日本時尚業的快速變遷，原本是縫製可展現民族特色的和服，卻開始大量製造現成可穿的成衣，而且日本人也漸漸對世界各地的設計師品牌有了認識。對於逐漸消失的和服市場，製造商最初是以外包方式因應，先是轉而雇用丹後半島的織布工。丹後半島離京都約一百公里遠，當地縐綢曾經紅極一時，後來縐綢業蕭條，織布工急著接下新工作。不過，後來製造商又更進一步外包給中國、韓國、台灣的織布工。

正當和服腰帶看似要跟在日本天空已不復見的宮古島翠鳥一同步入末路之際，舊腰帶開始以各種面貌現身於西方世界。有時，腰帶會改造得讓人認不出來，成為極富特色的居家裝飾品，有了新的用途。有些腰帶做成桌旗，可攤開鋪放在紅木桌面上；有些腰帶重新縫製成床罩；有些腰帶重新設計成男款西裝背心，適合晚上聽歌劇的衣著；有的成了裝飾沙發的靠墊套；有的成了女人夏季穿的馬甲；有的為求戲劇效果，以竹竿垂掛，當成窗飾；有的垂直掛在門前；有的懸吊在牆面上；有的纏繞在欄杆上，原本光禿禿的樓梯間也就不沉悶了。袋帶扭轉成寬鬆的螺旋狀，放在玻璃管裡，就成了桌面上令人驚豔的主要裝飾品。檀香山的 Anne Namba Designs 擅長「和服女裝設計」，亦即用古老的和服與腰帶製作服裝。客戶有知名芭蕾舞者米凱爾・巴瑞辛尼可夫（Mikhail Baryshnikov）和已故女星伊莉莎白・泰勒。

有些人認為，和服的再生是一種運用解構與創新的光榮救援任務，有些人的看法則不那麼友善，以京都古布保存會（意指「傳統服裝保存協會」）為例，創會目標是保存和服與腰帶的原貌，並推廣為日常衣著，認為「改革」就是粗率破壞文化財產，因而大力反對。在創新與守舊兩個極端之間，還有人尋得折衷之道。西陣的龍村美術織物公司——知名的京都紡織製造商——有許多設計都是源自奈良正倉院與法隆寺作品的古老圖案，該公司聘僱一些善用手搖織布機的織布工製作傳統織品，同時也勇於開發多樣化的產品，例如領帶、家具裝飾、祇園祭花車上的繡帷，還有全日空（ANA）、日本航空（JAL）、新幹線的座椅布料。

唯有懂得適應，才能存活下來。或許，和服腰帶在海外的新生會刺激日本人對腰帶重新評價，日本人會再度發現腰帶的價值。和服腰帶得以再一次美化人體，或者最起碼可美化居家。

實用資訊

西陣織會館
602-8216 京都市上京區堀川通今出川南入
電話：（075）432-6131
www.nishijin.or.jp
（織布匠師示範、和服走秀、各種紡織產品）

北野天滿宮
602-8386 京都市上京區馬喰町 931
電話：（075）461-0005
www.kitanotenmangu.or.jp
天神跳蚤市場──每月二十五日（各式各樣的二手和服腰帶）

京都古布保存會
（京都傳統服裝保存協會）

606-8405 京都市左京區淨土寺上南田町 60
電話：（075）761-3803
www.hozonkai.org
（二手古和服與腰帶）

第7章
踩下踏板、穿越時光：自行車初抵日本之際

一匹鐵馬，一頭不用餵燕麥、不用修蹄、不用銼牙的獸，在十九世紀的交通工具熱潮期間，或許就是大家心目中的夢想，隨後迎來全球觀光年代。在歐洲，這樣的夢想最終促成現代自行車的誕生，但這項發明並非專屬於單一的個人或國家。其後，各國投入一系列漸進式的改良作業。一八六〇年代，自行車引進日本，不久日本也加入改良的行列。

大阪府堺市的島野基金會自行車博物館，收藏了一部耀眼的自行車前身——德耐車(draisienne)。一八一八年，德國人發明德耐車，在長長的木製車上裝設鐵製傳動帶的車輪，前有操控裝置，完全沒有踏板。騎德耐車的人要跨

坐在狹窄的皮革鞍上面，雙腳蹬地，推動德耐車向前行進。雖然德耐車有基本的煞車，但是衝撞行人並非罕見情況。此外，騎士的靴子也很容易磨破。因此，德耐車只掀起短暫的流行熱潮。

法國、英格蘭、蘇格蘭依照德耐車原型，分別做出自家版本的自行車，花費三十年的時間，著手進行五花八門的實驗。一八三九年，名為「腳蹬兩輪車」（velocipede）的發明從這團創意混沌中現身。腳蹬兩輪車有踏板，還有旋轉式曲柄連接至前輪花鼓，騎士的雙腳可完全離開地面，得要抓到新的平衡感，才能在許多歐

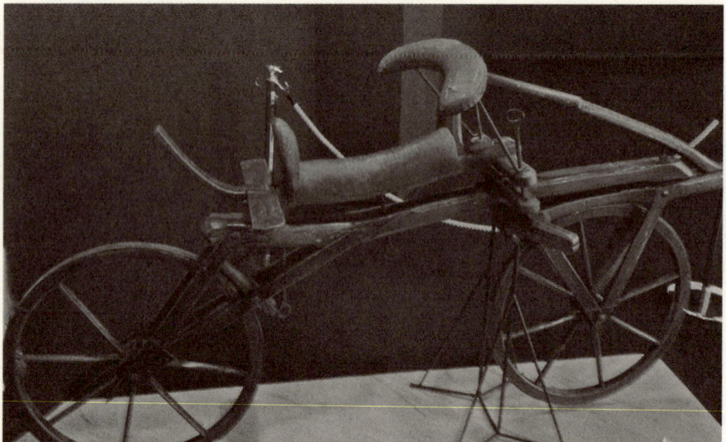

洲城市裡的鵝卵石街道上順利通行。騎著沉重的兩輪車，往往會傳出嘎嘎大響的聲音，因此又有「散骨機」之稱號。

腳蹬兩輪車在許多歐洲城市的溜冰場與騎術學校掀起一股熱潮，主要是吸引喜愛冒險的年輕男性。鐵匠也接受挑戰，拼裝出兩輪車。自行車的車架採用堅固的金屬管，英、法、美三國的製槍匠有了全新的行業可投入，同樣情況之後也發生在日本。

然而，腳蹬兩輪車有個基本問題，那就是速度不夠快。高輪車——前輪大、後輪小的自行車——的發明就是為了修正這種情況。這種金屬製車架、實心橡膠輪胎的自行車，就此成為當時的競速車。前輪十分巨大，每繞一圈行駛的距離更遠了。缺點是騎士不安穩地坐在離地面很高的地方，上下車都面臨莫大風險。

突然煞車很可能會翻車，或者騎士被拋出去。災禍似乎永遠都在不遠處等著，從一九五六年經典電影《環遊世界八十天》就可略窺一二，魅力十足的男僕帕斯巴德在倫敦街道搖搖晃晃騎著高輪車，馬車夫叫他移開那「該死的玩意」，免得兩車相撞。

一八六〇年代，自行車隨西方車主初抵日本之際，橫濱格外流行三輪車。自行車產業歷史專家竹內常善表示，當時的自行車顯然為數眾多，大阪府警察據此在一八七〇年頒佈道路交通安全規則，將這類新型車輛納入管理。五年後，政府向自行車車主徵收一日元的稅金。

日本自行車產業如同歐美的情況，也是受益於訓練有素的鐵匠。宮田製槍公司把槍管做成自行車的車架，製造出日本第一部現代自行車（或稱安全型自行車）。在更早之前，小型企業就已經開始使用金屬零件，自行製造高輪車。在日本，這類輪廓醒目的自行車稱為「達摩」，名稱源於禪宗祖師菩提達摩的著名形象——底部圓大、頭部較小的達摩吉祥不倒翁。

當時最轟動的「達摩」是一點三公尺的哥倫比亞高輪車，美國人湯瑪斯・史蒂文斯（Thomas Stevens）騎著它踏上環遊世界之旅，總共騎了驚人的兩萬一千六百公里。一八八六年，史蒂文斯騎到日本，在日本騎了一千兩百八十公里，有一部分的路程是沿著古老的東海道騎乘。當時，自行車是高科技地位的象徵。

史蒂文斯不僅是騎自行車環遊世界的第一人，更是運用當時困難度最高的車輛，成就了這件非凡的功績。高輪車有其侷限，加上地面高低不平，約有三分之一的旅程，史蒂文斯不得不下車行走。詳細描述請見史蒂文斯的回憶錄《從德黑蘭到橫濱》（*From Teheran to Yokohama*），該書為《單車環遊世界》（*Around the World on a Bicycle*，一八八七年出版）的第二卷。

年輕的史蒂文斯從搭船離開橫濱一直到抵達長崎的這段期間，頗受日本狗仔隊的歡迎。對這位美國青年這麼入迷的，不光是媒體而已。日本常民歷史研究學者大津由紀雄表示，末代將軍德川慶喜可能親眼目睹過史蒂文斯騎車環遊日本的情景，或是在報紙上讀過史蒂文斯的報導。根據一八八七年二月《靜岡大務新聞》（*Shizuoka Daimu Shimbun*）刊出的報導，德川慶喜將軍——他對現代玩意的欣賞是出了名的——後來立刻訂購一部類似的鍍鎳高輪車。翌年，德川慶喜每天騎著達摩在靜岡四處閒晃，旁邊還跟著一名僕役。

十年後，日本的自行車景象大幅轉變。日本國內開始生產現代自行車（或稱安全型自行車），亦即前後車輪尺寸相同的自行車。東京的中央電報局與大阪的報社都利用自行車派發電報與報紙。這類「鐵馬」大受民眾歡迎，開始逐漸排擠人力車與馬車的生存空間。英格蘭的約翰・弗雷澤爵士（Sir John

Fraser）跟另外兩名騎士騎著 Rover 牌安全型自行車踏上環球之旅，一八九六年，一行人抵達日本，發現日本街道新舊融合，風貌獨特。從弗雷澤的回憶錄《單車環遊世界》（*Round the World on a Wheel*，一九〇七年出版）看來，名古屋似乎成了日本的自行車首都：

「我真想在名古屋停留一週，觀察自行車的型態，多加了解……大車輪通常是遭人棄置的馬車輪，用鐵絪綁，或許還會缺了兩條木製輪幅。骨幹多半是樹枝……後輪則無一例外是……舊時獨輪手推車的輪子。座椅是用麻袋綁在骨幹上……騎士把身上的和服綁在腰間再上車，一整路都穿著大木屐，另外還要緊握手把，身體向後傾，才能順利施力讓車前進……而且聲音又大！……名古屋到處都有數十台、數百台、數千台這樣的自行車在路上奔馳。」

此後，自行車的型態不斷轉變。竹內常善指出，早期的自行車都是進口來的，而且並非作為私人持有之用，而是租借之用。二十世紀初，名古屋自行車企業家岡本松藏前往英國、法國、德國，採購最新的自行車生產機器。第一次大戰期間，日本幾乎無法取得進口的自行車，不過日本已掌握生產技術，提升自行車的生產。到了一九三〇年代，自行車終於在名古屋大量生產，拉低了自行車的價格，商家與餐廳開始仰賴自行車外送。這些早期的自行車沒有傳動齒輪，車架笨重，而且是用很大的後座置物架，承載貨物重量。

二〇〇〇年，國際自行車歷史大會（International Cycling History Conference）在大阪舉辦。羅斯・佩蒂（Ross D. Petty）在會中表示，二戰爆發之際，日本的自行車達一千萬輛。戰爭期間有一半的自行車消失，而留存下來的自行車有許多不得不將就用繩子和軟管湊合成輪胎。

戰後重建時期，大家對自行車的想法從原本的務實變成了娛樂與實用兼具。迷你腳踏車經濟實惠又容易騎乘，車輪只有五十公分，吸引諸多女性踏進折疊自行車的世界，於是前有菜籃、後有嬰兒座、俗稱「媽媽戰車」的自行車開始普遍起來，時至今日依舊很受歡迎。禧瑪諾公司是全球數一數二的高級自行車零件製造商，設計出登山車專用的第一套堅固齒輪系統，可耐受泥巴、水、砂礫。

二〇一一年，出現怪異的新轉折，「鐵馬」之夢就此萌芽。三月十一日的地震與海嘯不但摧毀了日本的北部地區，日本首都的地下鐵與鐵路系統也頓時停擺。約八百萬名的通勤者突然間束手無策，面臨寥寥幾種不討喜的選擇，不是走好長一段路回家，就是花數小時的時間等計程車，再不然就是在旅館過夜。前述的反常情況顯然導致日本人重新考量生活方式，自行車的銷售量在地震後達到高峰。根據彭博新聞報導，地震隔月，總公司設在大阪的旭公司（Asahi Co.）的自行車銷售量上升一倍，台灣巨大機械工業股份有限公司（即捷安特）——全球第一大自行車製造商——的日本公

司營收在該年三月增加百分之二十三。

在日本的部分城市（例如京都），自行車成為一大交通工具，而且有充分的基礎建設，市民更願意騎自行車。京都市在多條河流的沿岸鋪設自行車道，可減少交通衝突狀況，為都會生活增添一絲親近感。京都騎車旅遊計畫（Kyoto Cycling Tour Project，簡稱 KCTP）等機構積極宣導自行車觀光，甚至還設計出自家的「銀輪」，該款八段變速自行車不但效能高而且舒適至極。

如果說即便烏雲罩頂仍有一絲銀光灑落，那麼自行車在日本蔚為風行的現象（或者起碼可作為一種交通選擇），也許足以稱為三一一災後的一樁美事。

實用資訊

自行車博物館

590-0801 大阪府堺市堺區大仙中町 18-2

電話：（072）243-3196

www.h4.dion.ne.jp/~bikemuse/

京都騎車旅遊計畫（KCTP）

京都車站 Cycle Terminal

600-8235 京都市下京區油小路通與塩小路通交叉口往南走的東油小路町

552-13

電話：(075) 354-3636

www.kctp.net

第8章 人偶：代理人、替罪羊、可靠的伴侶

十年前，我在麻州的波士頓兒童博物館，見到了一個名叫「京都府小姐」的人偶。一九二七年，日本贈送五十八個「友誼人偶」給美國，京都府小姐正是其中之一。這些友誼人偶分別代表日本的府縣、大城市、殖民地、皇宮，做工精緻，頭髮取自人類真髮，穿著友禪染的和服。美國在該年稍早致贈一萬兩千多個藍眼娃娃給日本，日本以友誼人偶回禮。

日美相互贈禮之舉，使得兩國愈趨升高的政治緊張情勢得以緩解下來。美日政府難以建立友誼關係，改由美日的兒童伸出友誼之手。人偶外交達成目標，在太平洋的兩岸，無論老少的心都溫暖了起來。日本政府把美國娃娃分發

給小學與幼稚園，美國政府把日本人偶送到美國各地的兒童博物館與兒童圖書館。長崎小姐去了紐約，大阪小姐去了紐澤西，奈良小姐落腳於愛達荷州。然而，正如娃娃專家艾倫・史考特・派特（Alan Scott Pate）在其著作《人魚：日本人偶之藝》（*Ningyo: The Art of the Japanese Doll*）所言，太平洋戰爭期間，美日關係瓦解之際，兩方的娃娃終究成了攻擊的目標。有些人偶的臉孔遭人毀損，有的收了起來，有的失蹤了。

日本的友誼人偶是依循「市松」的風格製作而成，該風格的名稱源於俊美的歌舞伎演員佐野川市松。市松人偶在明治時代（一八六八年至一九一二年）頗受歡迎，在當時日本人的眼裡，人偶從展示的物品成了賞玩之物。一五七三年起即製作人偶至今的田中人形公司表示：「以前，人偶是供品，用來祈願子女平安長大。後來，人偶的角色就從宗教供品變成玩物。」

如欲更加瞭解博大精深的日本人偶領域，請探訪京都的嵯峨野人形之家，此地是入門的絕佳去處。嵯峨野人形之家座落於幽靜之處，附近寺院林立，幾間茅草屋頂的屋舍點綴其間。館內收藏約二十萬尊人偶，多半是江戶時代（一六〇三年至一八六七年）與明治時代製作。一樓展示了一些華麗的御所人形（即「皇宮人偶」），這些人偶身形豐滿，膚色白皙，戴著圍兜，在十七、十八世紀是很受歡迎的禮物。人偶以木頭製成，表面塗上貝殼粉製成的膠狀塗料，通常會做成學步幼兒玩耍的模樣。館內還收藏了一些絕妙的機關人偶，機關人偶可重複做出簡單的動作。其中有個模樣聰明的大黑天人偶，他一會兒舉起槌子，一會兒放下，還有一群頑皮的小老鼠繞著他的腳邊打轉。

館方展示一列列的人偶，觀之令人驚嘆，收藏品堪稱大量豐富，可惜涵蓋的範圍卻未臻詳盡，這裡看不到當代大量製造的流行玩偶。譬如說，館內並未展示莉卡娃娃，莉卡娃娃是日本版的芭比，長相比較可愛，身材沒那麼凹凸有致。此外，顯然也沒有 Epoch 公司的森林家族玩偶系列，這系列的玩偶是毛茸茸的小動

物，可更換服飾、房屋、家具，也深受西方兒童喜愛。

然而，有一處地方並未把前述的文化記憶片段給排除在外，那就是京都的寶鏡寺。寶鏡寺別稱「人偶寺」，長達數百年皆是皇室公主禪修的尼庵。當時的皇女在展開與世隔絕的禪修生活時，都會帶著自己收藏的人偶入寺，這些珍貴的人偶如今都成了寶鏡寺的知名收藏品。今日，舊了的或不想要的娃娃，甚至是被遺棄的娃娃，都可送去寶鏡寺。住持田中惠厚每天都會為人偶舉辦法會，寺裡的收藏空間滿了的時候，就會將人偶帶到山頂，舉行火化儀式。

寶鏡寺通常不對外開放，但每年三月都會舉辦人形展，大眾可入寺欣賞人偶收藏。寺內某位員工向我解釋，人有了年紀以後，往往會搬去較小的屋子，至於曾經得意洋洋在舊家展示的人偶，就沒辦法保留下來了。可是，他們捨不得就這樣把人偶給丟出去。我問：「怎麼不把人偶送給孫子孫女呢？」她回答：「現在的小孩子覺得人偶很可怕，不想要人偶，所以只好帶到這裡來。」

看到寺裡的人偶，不由得想起一個男人。我以前住在高野川附近，經常看見某個男人騎單車，而人偶就安坐在前方的車籃裡。我甚至有好幾度看見某位老婦人推著嬰兒車，裡頭坐的是嬰兒娃娃，不是真的嬰兒。用娃娃來代替嬰兒的情況，並不如我當時以為的那樣罕見。據說哲學家笛卡兒（一五九六至一六五〇年）在五歲女兒法蘭欣夭折後悲痛欲絕，於是製作一尊機關人偶，取名為法蘭欣，放在身邊，片刻不離。

當代人看待娃娃的態度，引得我想去參觀天使之里博物館。這家博物館專門收藏Super Dollfie娃娃（簡稱SD娃娃）。SD娃娃是具有球形關節的人偶，通常有六十公分高，在京都製作，價格約為九萬六千日圓。Volks公司製造SD娃娃，並開設天使之里博物館，SD娃娃玩家都會前來博物館朝聖。SD娃娃是專為熱愛娃娃的成年人所打造，全球各地都有SD娃娃迷，受歡迎的程度不亞於動畫與Cosplay。SD娃娃的外貌有如理想版的少年少女，有各式各樣的眼睛、手、腳、頭髮、皮膚顏色可供選擇，玩家可打造出屬於自己的娃娃。

我從車站走向博物館時，前方有兩個女人分別拉著小行李箱，原來裡頭就裝著她們的SD娃娃。我出示線上預約卷，進入博物館，立刻感受到館內寂靜的氛圍，甚至帶有肅穆之感。一見便知，天使之里博物館實際上不只是博物館，簡直是人偶的神社。入口右側就是真人大小的聖母像，聖母懷裡抱著SD娃娃。一樓與四樓專供成人「玩」自己帶來的娃娃，館內不准兒童進入，而所謂的玩就是替娃娃穿衣擺姿勢，幫娃娃拍照。二樓與三樓展示歷代的SD娃娃，最久遠的是一九九九年上市的第一代SD娃娃。

SD娃娃究竟有何魅力？竟然引得玩家不惜投入大量時間金錢。在天使之里博物館，玩家往往藉由自己的娃娃跟他人對話，把幾個娃娃放在沙發或椅子上拍照，或者讓娃娃模仿朋友或情人的姿態。SD娃娃似乎成了我們這個時代的友誼人偶，跟人來往有困難者，可藉著玩娃娃的機會，與人互動交流。說起來，娃娃懂得接納又很可靠，這樣的特質不由得引人投入其中，也許更可說是今日少有的特質。正如其中一座展示櫃上方所寫的一句話：「他們永遠在天使之里等著您。」

實用資訊

寶鏡寺

602-0072 京都市上京區寺之內通與堀川通交叉口往東

電話：（075）451-1550
www.hokyoji.net/top.htm

嵯峨野人形之家
616-8434 京都市右京區嵯峨鳥居本佛餉田町 12
電話：（075）882-1421
http://okatsuji.ac.jp/sagano/

天使之里　霞中庵（Super Dollfie 娃娃博物館）
616-8371 京都市右京區嵯峨天龍寺若宮町 15
電話：（075）982-3100
www.volks.co.jp

田中人形公司（人偶製造商／店家）
590-0943 京都市左京區東大路通與三條通交叉口往北走
電話：（075）761-4151
www.tanaka-ningyo.co.jp

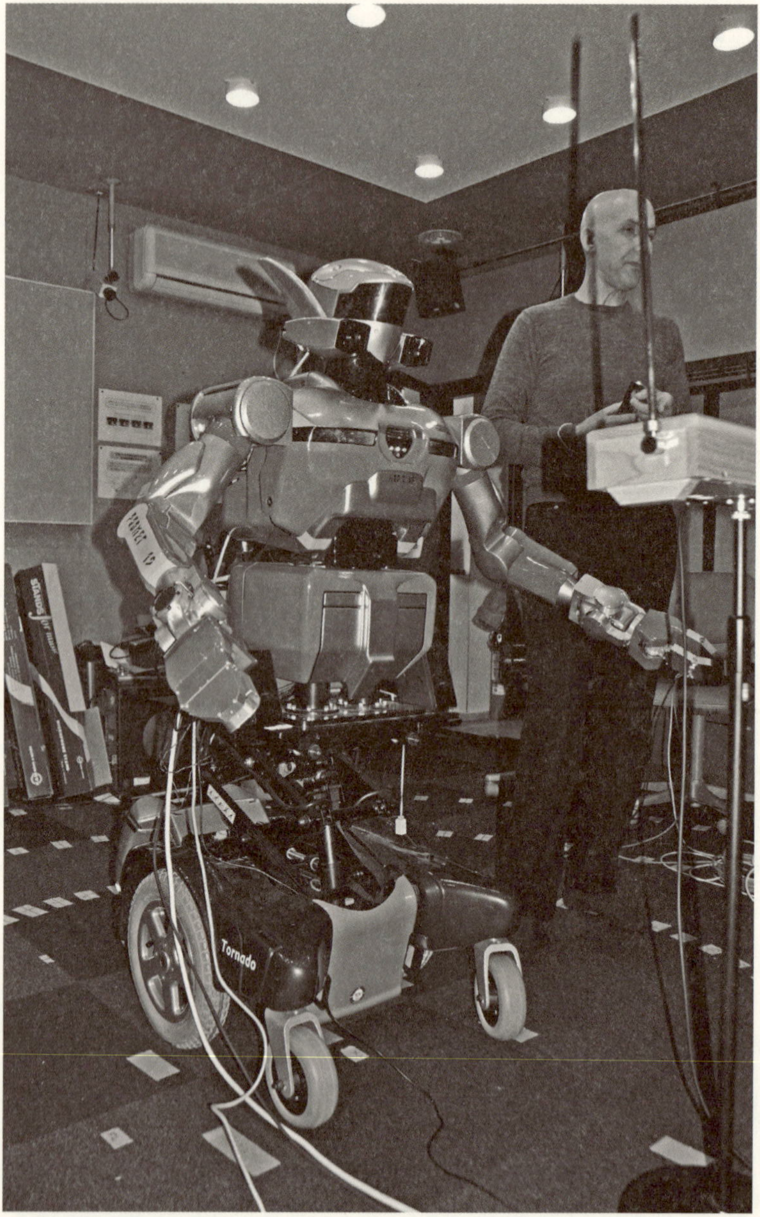
Tornado

第9章 我們的阿凡達，我們自己：日本的機器人創新

鐵人28號、巨人、原子小金剛，這些日本機器人都享有國際盛名。本田公司的類人型機器人Asimo，研發時程緊迫多變。二〇〇八年的募款活動，白色的Asimo指揮底特律交響樂團演奏〈Impossible Dream〉（不可能的夢想）。二〇一一年，Asimo開心前往華沙，在Science Picnic（科學野餐）年會上露面。日本關東大地震過後，Asimo前往受災的東北地方，表演跳舞、踢足球，逗小孩開心。

其他的機器人則是巧妙融合有機材料和機械材料，Sony的Aibo（愛寶）機器狗即是一例，現在已是史密森尼學會常設展的固定展品。消費者剛買下愛

寶的時候，愛寶是不能走路的，但跟人類互動一段時間過後，就會逐漸培養發出聲音、做出動作的技能。簡言之，這種機器小狗會長大，也就是說，它會汪汪叫，回應一百種口頭命令，眼睛顏色由綠變紅就是生氣了，伸出腳掌就是不氣了。

這款可愛的機器狗上市不過七年，Sony 就停產了，但其他的動物型機器人——有的甚至更為可愛——陸續進入市場。以 Paro（帕羅）為例，這款豎琴海豹寶寶機器人有著長長的睫毛、黑色的眼睛、雪白的毛色，似乎就抓住了商機，成為長者的療癒伴侶。這款海豹寶寶機器人是由產業技術綜合研究所的柴田崇德研發，重量僅二點七公斤，全身覆蓋抗菌的軟毛，在日本各地的照護機構大受歡迎，二〇〇八年在歐美上市後，歡迎度更是與日俱增。帕羅具備五個感應器，對於觸碰、光線、聲音、溫度、姿勢，會以移動頭部、腿部、尾巴的方式作出回應，藉此喚起人類照顧幼者的原始本能。

帕羅沒有堅硬的外表，可是他牌的陪伴型機器人往往外殼堅硬，三菱重工的 Wakamaru（若丸）即是一例。若丸具有一些特殊功能，例如報導網路上的新聞，以無線方式連絡家人或醫院，甚至還能提醒患者服用日常用藥，不過放在家裡的話，跟人類之間還是會有距離感。

帕羅目前已研發到第八代，之所以能成功，並不是可愛的反應和引人注意的叫聲所致。其實，真正的成功點在於帕羅的存在並不是為了取代人類，而是跟有技能的照護人士共同合作。提及日本文化的基礎，還有日本人與機器自在共生的原因，往往會援引神道的萬物泛靈論。然而，日本人有意願或甚至渴求跟機器物種共存，光用神道的萬物泛靈論去解釋，也是解釋不全的。那些樂意跟機器一起生活的人類，為何內心會有這般渴望呢？就算是原子小金剛這個戰後出現的漫畫機器人帶來了莫大的影響力，也無法充分解釋這種現象。

日本對現代機器人的觀念萌發於一九二四年，當時捷克劇作家卡雷爾·恰佩克（Karel Capek）的知名劇作《羅森的全能機器人》（Rossum's Universal Robots）在布拉格首演兩年後於東京登台演出。恰佩克在劇中運用捷克用語robota（意思是「奴工」）來指稱人造的大量生產型工廠工人。這些機器人能夠感受到情緒，不久便推翻了那些發明機器人的人類，最終還殺死了人類。這類經典的科學怪人情節在西方的敘事手法很常見，在日本卻難以引起共鳴。日本工匠與工具之間的關係有著更深厚、更長久的根源。日本人對工具懷以尊敬之心，並不是因為工具「有生命」，而是因為工具猶如工匠身體之延伸。工人藉由工具的日常使用，將自身的靈魂注入了工具裡，於是工具因而獲得了某種屬於自己的生命。這種概念在玻里尼西亞十分普遍，當地人稱之為神力。在人與工具的合作之下，人類得以謀生，因此這段關係創造出的成果自然讓人萬分感激，而日本文化裡這種很普遍的中心價值觀營造出一種假設的情境，工具「彷彿」有生命力，但日本人不會把工具誤認為生物。

《羅森的全能機器人》對日本造成的影響難以抹滅，但日本人關注的焦點並不是機器人發起革命一事，而是科技與人類的關係。《羅森的全能機器人》就此掀起機器人熱潮，未曾衰減。刀匠折疊鋼材數千次，心神灌注於刀身之中，而日本人對待機器人的態度也是如此，日本人從未把機器人視為敵人，機器人是終生的朋友與伴侶，跟人類有密切的關係，人類學家稱之為「擬親屬關係」。

《羅森的全能機器人》在東京演出四年後，生物學家西村真琴提議打造人造人（jinzo ningen，日本最初對「機器人」的稱呼），還在一九二八年京都舉辦的天皇登基紀念大博覽會展出人造人。西村真琴製作的機器人可說是日本第一個現代機器人。這個機器人叫做「學天則」，意思是「學習天然法則」，高度逾三公尺。學天則身穿長袍，坐在華麗的祭壇上，手持權杖，戴著花冠的腦袋往天空一抬，權杖就會發光。在橡膠管和壓縮空氣的作用之下，臉頰會膨脹起來，彷彿真的在呼吸一樣。西村真琴想要證明自己打造出的機器人是自然的一部分。《大阪每日新聞》引述生物學家西村真琴的話：「假如說人類是自然之子，那麼人類親手製造出的人造人就是自然之孫。」學天則的展覽大獲成功，於是正如許多的前代機器人，學天則被送往歐亞部分國家展示。

日本動畫之父與原子小金剛創作者手塚治虫曾經讀過《羅森的全能機器人》的劇本，可是他最終還是創造出友善的科技幫助男女老幼的形象。手塚治虫擬定機器人三大法則，呼應知名作家艾西莫夫《我，機器人》（*I, Robot*，該書收錄九篇短篇故事）一書中的法則。手塚治虫的第一法則是機器人不得傷害或殺害人類，第二法則是機器人應服侍人類，第三法則卻讓機器人有權過著自由平等的生活，而該法則背離了艾西莫夫的法則，艾西莫夫只說機器人不得自毀。

手塚治虫之所以大方地將自主權授予機器人，可能是因為他對工具與科技懷有基本的信任。畢竟原子小金剛象徵的那個時代，人人都認為原子能象徵著未來的希望。一九七〇年在大阪舉辦的世界博覽會也是採用同樣的敘事手法，把機器人當成友善的工作機器來宣傳。這種觀點在今日的世界仍舊方興未艾，大阪大學機器人學者石黑浩也抱持著相同的看法。在落實手塚治虫的第三法則上，沒有人比石黑浩還要努力。石黑浩製造的仿生人看似普通人，他使用矽橡膠與氣動致動器，做出細微的動作，例如呼吸、抽搐、眨眼等。在石黑浩的眼裡，假使機器人可獲准成為人類，就有可能受到接納，成為社會裡的分身，替「代理自我」鋪路，亦即石黑浩所說的擬真機器人。

二〇一一年七月顯然是日本在機器人研究上的轉捩點。石黑浩製造的仿生人 Geminoid F 現身於 Poco-Pen 咖啡館的社交環境。Geminoid F 曾在二〇一〇年演出二十分鐘的舞台劇《再見》（Sayonara），飾演仿生人的角色。二〇一一年，在大阪的小咖啡館裡，Geminoid F 飾演服務生的角色。由於她永遠只能採坐姿，加上頭部、軀幹、手臂的移動有限，因此多少有些侷限。這個遙現仿生人是由人類用麥克風在遠端進行控制，可接受客人點菜，跟客人對話。石黑浩製作仿生人時所遇到的一大難題，就是要打造出存在感，也就是說，仿生人要流露出人類的存在感，不是在模仿人類或充其量善於腹語術。

儘管日本專精於機器人學，可是日本的機器人卻沒能應用於三一一關東大地震帶來的災害。反而是美國iRobot的PackBot和Warrior在任務中擔任主要的角色。東京電力公司發言人表示，核災與生物災害救難用的日本機器人昆斯（Quince）被送到福島第一核電廠的二號反應爐，用以設置測量儀器，測

量地下室淹了多少核污水，可惜昆斯卡在樓梯平台，無法抵達目的地。

唯一派上用場的日本機器人是主動式偵測攝影機（Active Scope Camera），這款機器蛇的長度為八公尺，配備光纖攝影機，可以沿地面爬行，還能爬過瓦礫堆，轉播現場影像。京都大學專精機器人聽覺的奧乃博教授認為，長久以來，核能安全的迷思阻礙了日本在救難機器人方面的發展。除了機器人學的研究以外，訓練出擅長操作機器人的專業人員也是一大要務。其實，救難機器人大賽始於二〇〇一年，旨在提高大眾對災害整備的認知，並讓參賽的年輕人藉由遙控自己設計的機器人，培養救難原則的觀念。雖然許多參賽的機器人像是一堆有輪子的垃圾，但是都創意十足，需要高度的技巧才能巧妙操控，而這些技巧終歸是能傳承下去的。

比賽的時候，救難者要坐在終點處，看不見八公尺的救援空間。目標是快速又小心地救出小型的假人。小型假人安裝了感應器，可偵測救援品質。救難機器人大賽是打擊自滿之心及謹記災害整備的其中一種方式。俗話說：「有備無患。」

實用資訊

救難機器人大賽

大阪電氣通信大學寢屋川市校區（主辦者）
572-8530 大阪府寢屋川市初町 18-8
電話：（072）824-1131
www.rescue-robot-contest.org

第三篇

地方感

第10章

靜止剎那：不斷精進的道地料理

過去二十年來，全新的烹飪典範——分子料理——吸引了全球各地主廚、美食評論家、餐館投入其中。這股潮流反映出全球科學文化的蓬勃發展。無論是東京還是巴塞隆納，都在使用急速冷凍、沉浸式攪拌器、真空低溫烹調（sous vide）袋、離心機，廚房變成實驗室，烹調變成一系列奇特的實驗。這股潮流自然是源自於新式烹調（nouvelle cuisine）的折衷手法，鼓勵跨文化融合，在工序上則是汲取日本傳統烹飪。擺盤雅致，份量小巧，新鮮、輕盈、如實表現的滋味，成為新的重心，而這些特色或多或少呈現出日本料理帶來的獨特影響。

長久以來，美國的日籍主廚也在這股創新的潮流中，擔任管道與橋樑的角色。松久信幸配合美國人的味蕾，融合秘魯與日本的料理風格，重新演繹日本料理。森本正治為了取悅客戶並滿足自己的創意靈光，也踏上了類似的追尋之路，樂於創造視覺上的跨文化雙關語。比如說，紐約的森本正治餐廳有一道菜叫做白蘿蔔緞帶麵（Daikon Fettucine），長長的白蘿蔔削成緞帶麵的形狀，再將白蘿蔔緞帶麵放入蕃茄羅勒醬裡煮一會兒即成。久司道夫採用的日式烹飪技巧更為極端，他終生推廣長壽飲食法（macrobiotics），極度講究新鮮得無可挑剔的食物以及當令的食材。

近年來，日本頂尖烹飪學校——大阪的辻調理師專門學校——校長辻芳樹，跟校內的幾位主廚以及大衛．布雷（David Bouley）主廚，在紐約合資開設 Brushstroke 餐廳。該間餐廳擅長以現代手法詮釋日本的高檔烹飪法——懷石料理。懷石料理源於京都，是正式茶道搭配食用的料理，奉行當令食材哲學，在美學上，料理的滋味、口感、色彩皆應達到接近完美的平衡。在 Brushstroke 餐廳，辻調理師專門學校的幾位講師在山田勳主廚的領導下準備食材。山田勳曾經在關西地區幾位主廚的門下學習廚藝，也在京都頗富盛名的吉兆工作過，而吉兆應當算是日本最受敬重的懷石料理餐廳。

山田勳設計的懷石料理是為了吸引現代的跨國食客，呈現出所有創新的中心悖論：「為求超越傳統，首要就是回歸傳統。」換句話說，破壞規則以前，先要熟知規則。為了服務將來而回歸過去的這種精神，恰巧勾勒出今日京都獨特的歷史一刻，重新發覺傳統飲食的潮流現在正是活躍蓬勃之際。道地的京都料理有好幾種，有知名的高檔懷石料理、精進料理（即寺院素菜）、傳統家常菜。不過，前述三種料理要做到道地，其中一大要件就是使用京野菜，也就是說，蔬菜不但要在京都種植，更要具備歷史延續性，方足以稱為「傳統」或「古傳」的蔬菜。

這麼說來，就意味著日本今日食用的蔬菜多半是「外來品」，是趁著兩大浪潮從國外引進。第一波浪潮出現在十二世紀至十五世紀，日本人接納中國與韓國來的蕪菁、白蘿蔔、芋頭，這類蔬菜很適合搭配米飯食用，數百年來已徹底本土化，現在已視為日本的蔬菜。第二波浪潮出現在明治時代（一八六八年至一九一二年），隨著西方影響力而來，番茄、青椒、萵苣、高麗菜進入日本，這些外來蔬菜耐寒，往往少害蟲，又對枯病有抗病能力，因此公認有競爭優勢。原生蔬菜與外來蔬菜相遇之後，多種傳統蔬菜顯然就此消失不見。

京都府農業研究所的田中大三表示，明治時代以前，在京都府內即已種植的蔬菜，就可稱為「傳統」蔬菜。十七種傳統蔬菜中，就有三十四個品種。京野菜享有優越地位的現象，不是只出現在京都當地，日本各地市場皆設有專區，販售京野菜。為了追求純粹與道地，東京五星級傳統餐廳主廚一律直接向京都購買京野菜。京都這座千年首都種植的蔬菜，滋味獨具一格，更象徵著日本的價值，因而備受推崇。

京野菜的產地多半是京都谷西北地區的上賀茂，金正京野菜公司（Kyoyasai Kanesho，推廣及批發京野菜的公司）附近的拍賣會，每天都會進行販售。店家與餐廳老闆聚集在附近的蔬菜市場，出價標下當地數十位農夫當日直送、最新鮮的古傳農產品。京都的寺院密度堪稱為日本最高，因此許多的蔬菜都跟特定的寺院與神社有關係。長久浸淫在佛教不殺生不吃肉的觀念，再加上需要大量新鮮農產品作為宗教供品，素食從而蓬勃發展。

我第一次聽到京野菜（即京都的古傳蔬菜），是從安樂寺住持之妻那裡聽來的。當時我住在京都東部丘陵的安樂寺附近，寺裡的庭園有一家小咖啡館，住持之妻會在午餐時間供應京野菜與美味的咖啡。主持安樂寺的伊藤家族向來富有創新精神，他們請一位農夫定期在寺門外販售農產品，就像其他農夫直接販售給城裡各處的消費者那樣。其中一樣古傳蔬菜——鹿谷南瓜——跟安樂寺之間有長久的淵源。一七九〇年以來，每年的七月二十五日，安樂寺都會為凹凸不平、形狀如沙漏的蔬菜舉辦法會。每年當日，成千上百的來客前來享受南瓜宴。還有另一種蔬菜跟寺院有關，狀如羽毛的壬生菜跟壬生寺有淵源。其他很受歡迎但跟宗教機構無關的古傳蔬菜有：賀茂的茄子、丹後的梨子、堀川的牛蒡、蝦芋、紅豔的金時紅蘿蔔、丹波的栗子。丹波地區在短暫的秋天採集季所採集的松茸，亦頗富盛名。

前述的京野菜多半可在錦市場買到，錦市場位於京都市中心，是室內商店街型的市場。不過，要一睹前述的珍貴蔬菜，還有一種方式更有意思，只要在錦市場附近的街坊小巷漫步閒晃就行了。午餐時間或晚餐以前，餐廳前面的椅子上或桌子上都擱著一籃籃的蔬菜。日本各地主要街道的餐廳櫥窗裡，擺放著無處不在的塑膠食物模型，而鮮活的蔬菜使我們得以暫時逃離這種現象，喘一口氣，還可以推廣京野菜，宣傳其所代表的新鮮度。京野菜蘊含日本料理最古老的精神——吃在地、吃新鮮、吃當季。

京都的蔬菜雖是日本烹飪史的重要環節，卻也只訴說了故事的一部分而已。京都位處內陸，離海甚遠，鮮魚取得不易。從前，海水魚多半會曬乾。不過，或許最重要的海鮮根本不是魚，而是長度驚人的昆布，產自本州與北海道的北部海域。深黃褐色的昆布富含麩胺酸，可當成天然的增味劑使用。昆布是典型的鮮味（umami）來源，鮮味是繼甜酸鹹苦四味之後的第五味。第五味是十二世紀初期日本化學家池田菊苗發現的，以日文的美味一詞命名之。

美味正是鮮味的主要作用，能加強其他滋味，後來還促成味精（MSG）的出現與商業生產。蘆筍、番茄、帕瑪森乾酪、肉類、海帶等食物，自然含有麩胺酸，人類的舌頭有特殊的受器可察覺得到。日本料理的精髓就在於高湯，以昆布和柴魚片煮成的清澈高湯，可作為精美餐點的開場，並為晚餐定調。

自一九八〇年代起，全球各地廣泛認為鮮味是第五味，英國知名的肥鴨餐廳（The Fat Duck）主廚赫斯頓．布魯門索（Heston Blumenthal）熱衷推廣昆布和日式高湯，因為兩者混合其他材料，就會創造一股鮮味。布魯門索用日式高湯修飾鹹凍、燉飯、湯品、湯底等的味道。

基本的日式高湯是在泉水裡放入一片昆布浸泡一夜。然後將四分之一條去骨的鰹魚乾（看似小條的蘋果蕉，質地卻很堅硬、色澤暗如桃花心木），用木盒刨刀刨成片。剛刨好的柴魚片會掉進木盒裡，打開木盒裡的小抽屜，就能看到捲曲的淡粉紅色柴魚片。柴魚片放入昆布水，用小火煮一會兒，即成湯底。無論湯裡另外放了何種食材（櫻石蜆、香橼皮、金針菇或嫩豆腐塊），都能保留各種食材的本質特性。這樣的湯品應能喚人想起某種季節的律動以及常在的海洋氣味。

實用資訊

辻調理師專門學校（單次課程）
530-0047 大阪府大阪市北區西天滿 1-3-17
電話：（06）6367-1261
www.sanko.ac.jp/osaka-chori/www.tsujicho.com/index.html

卯月料理教室

606-8271 京都市左京區北白川瓜生山町 2-108

電話：Emi Hirayama（075）711-2614

www.kyotouzuki.com

第11章 踏上咖啡之路：從咖法到京都的咖啡館文化

豆子、飲料、藥物、習慣，即使說盡咖啡的各種特質，也說不盡咖啡的全貌，凡是有人品味咖啡之處，必有獨特的咖啡文化。咖啡豆貿易路線的形成，來自於人類對烘焙豆的熱情，咖啡之路甚可比擬古老的絲路。絲路曾將歐亞大陸各種文化連結起來，形成重要的商業網與文化網。我們習以為常談論「絲綢之路」，卻似乎沒人提及「咖啡之路」，但咖啡之路的有些路段就跟絲路一樣古老，促成的交流往來也同樣難以抹滅。

咖啡源於西元五二五年之前的衣索比亞咖法省（「咖啡」的名字即由「咖法」而來），最初是伊斯蘭教蘇菲派修道院飲用咖啡，有助祈禱及讀書。十五世紀中葉，飲用咖啡的習慣從葉門散佈至整個阿拉伯半島，全球第一座咖啡農場也因此誕生。咖啡的確總是隨著伊斯蘭教傳播出去。世上最早的咖啡屋是在伊斯蘭教聖地麥加開設，咖啡從麥加廣佈於整個阿拉伯世界。

咖啡之路的各種文化分別在咖啡上留下了印記。在葉門這個獨佔全球咖啡貿易數百年的國家，烘焙咖啡早已成為習俗。葉門人的咖啡買賣是經由紅海的摩卡港（數百年後，美國人把巧克力口味的咖啡稱為「摩卡」）。土耳其人在咖啡裡加入辛香料，例如丁香、肉桂、茴香、小荳蔻；突尼西亞人在咖啡裡加橙花水增香；西非人在咖啡裡加入含有香脂的辛香料；摩洛哥人秉持平日的誇張作風，在咖啡裡加了有催情效用的西班牙蒼蠅（芫菁之俗稱）、乾燥的玫瑰花瓣、龍涎香。

咖啡無論是作為藥物、飲料，還是涉及「他者性」（otherness），一開始就在許多地方引起不少爭議。梵蒂岡的官員希望歐洲禁止咖啡，畢竟基督徒喝的是葡萄酒，穆斯林喝的卻是咖啡。假使教宗克勉八世不願去喝喝看「異教徒」的飲料，那麼咖啡之路走到羅馬就會碰到死胡同。然而，一六〇〇年，克勉八世並未譴責咖啡，反而宣稱咖啡美味，讚美咖啡。聖座做出的這個決定猶如開啟大門，進入生氣蓬勃的新興文化——歐洲的咖啡屋。

一開始是威尼斯先開了咖啡館，接下來的一百年，歐洲到處都有咖啡館。咖啡這種刺激物可帶來愉悅感，還具備有利可圖的貿易潛力，於是歐洲人將咖啡樹帶到印尼與美洲的殖民地。約略在這個時候，咖啡之路突然轉了個彎，走後門進入日本。日本鎖國時期，嗜飲咖啡的荷屬東印度公司荷蘭商人被迫住在長崎附近的人工小島——出島，於是一六四一年起，咖啡知識開始經由這座扇形小島漸漸流入日本。

日本官方政策對日本人與「紅頭人」（日本人對荷蘭人的稱呼）的交流多所限制，只有貿易商、口譯員、娼妓能跟荷蘭人往來，這些人可能就是首批品嚐咖啡的日本人。有一份十八世紀晚期的文件，列出了某位長崎娼妓帶來的一些私人物品，有：玻璃瓶、蠟燭、荷蘭煙斗、一罐咖啡豆。不過，日本最早的咖啡消費紀錄，其實是京都的廣川獬醫生，他在十八世紀晚期兩度前往長崎，總共在長崎住了六年。「荷蘭學術（蘭學）」的新奇感引發當時知識份子的好奇心，廣川獬也受到吸引。身為醫師的廣川獬對咖啡的醫療價值最感興趣。根據廣川獬的描述，採用滴濾法，加入牛奶與糖（兩者皆不屬於日本飲食），用球狀的棕色蕈菇攪拌咖啡，即可產生最理想的醫療效用。

一八六七年，神戶港重新開放，可進行商業貿易，茶葉出口商放香堂派遣船隻從神戶出發，前往菲律賓及東南亞的其他地區。放香堂的船隻載著印度的咖啡滿載而歸，在自家的店鋪供應給客人。放香堂成為日本第一個供應咖啡的公共場所。不過，到了大正時代（一九一二年至一九二六年），名為「喫茶店」的咖啡屋才開始流行起來，當時有一萬三千多名日本人移民到巴西，多半都在聖保羅的咖啡農場裡工作。大正時代的喫茶店供應給客人的不只是咖啡而已，還讓人隱約感受到遙遠世界的風貌。喫茶店數量激增，種類更是各式各樣，叫人眼花繚亂。美人喫茶店是有漂亮女服務生的咖啡店；名曲喫茶店只播放古典音樂大作；爵士喫茶店收藏的LP黑膠唱片多達數千張。大部分的音樂喫茶店都奉行不聊天的規定。

京都留存至今的最古老喫茶店可追溯至一九三〇年代早期：築地喫茶店播放古典樂，擺放紅色天鵝絨椅子，還有多處的私人角落，小說家谷崎潤一郎經常造訪此處；弗朗索瓦（Salon de Thé Francois）喫茶店在牆上掛著西洋大師畫作複製品；進進堂（Shinshindo）這家無音樂的喫茶店，則是為附近的京都大學學生供應飲食。進進堂創辦人前往法國學習製作道地的法國麵包，卻帶著更遠大的願景回到日本。他以生氣蓬勃的巴黎市拉丁區作為參考原型。進進堂擺設大張的原木桌，喝杯咖啡就能待上一天，吸引許多大學生前來。店內的橡木桌沒用上一根釘子，是由人間國寶黑田辰秋製作，營造出令人崇敬的氛圍。

戰爭期間，日本暫時停止進口咖啡，喫茶店文化一時衰落。儘管如此，需求是發明之母，於是出現了令人難忘的發明——用大豆、馬鈴薯或蒲公英根製作咖啡。雖然嚐起來根本不像是真正的咖啡，但是煮咖啡的習慣起碼能讓咖啡的回憶留存下來。戰後時期，喫茶店再度流行，不僅供應咖啡，主題也形形色色。歌聲喫茶店通常會擺放鋼琴、手風琴、歌本，還有一位指揮帶領大家唱歌。那是一段醉人的日子，共產主義、工運、反戰都很盛行，俄羅斯民謠格外受歡迎。在一九六〇年代的全盛期，部分喫茶店邁向高度專業化，於是有了「漫畫喫茶店」、「電視喫茶店」，有的喫茶店只播放貝多芬或莫札特，有的只播放法國香頌，只播放鄉村搖滾樂，甚至只播放美國西部鄉村樂。京都還有一家喫茶店只播放披頭四林哥．史達的音樂。

日本的喫茶店是活躍的社交場合，跟美國詩人艾略特在〈普魯弗洛克〉一詩中所描繪的厭世，可說是天差地遠。艾略特已經見識過一切，只能以幻想破滅的口吻喃喃低語：「我以咖啡匙量出自己的人生。」日本的喫茶店是創意力十足的空間。京都的「Honyara洞」是一九七〇年代京都市的青年文化中心，集體經營，全由志工打造而成，秉持著反主流文化的精神，認為日常生活應該富有藝術性質，教育不應由學校獨佔。有鑑於此，老師是無論何處皆有的，只是這家喫茶店裡的老師或許特別多，知識份子、藝術家、社運學生齊聚一堂，還有外國詩人，例如艾倫・金斯堡（Alan Ginsberg）、肯尼斯・雷克斯雷斯（Kenneth Rexroth）、蓋瑞・史耐德（Gary Snyder）。

不是所有的喫茶店都富有遠見，有些喫茶店是專為酒色之徒開設。不穿褲喫茶店有不穿內褲的女服務生。情侶喫茶店光線昏暗，高背沙發全都朝同一個方向擺放，有時甚至還有簾幕，讓浪漫的邂逅有了隱私。喫茶店的出現，代表有數量龐大、各式各樣的公共場所可供大家交流往來，同時也代表著房屋、居家環境、工作環境狹小，於是在喫茶店碰面，成了談公事或消遣娛樂的舒適選擇。技術的創新致使許多的喫茶店變得陳舊過時。在少有人負擔得起進口唱片或昂貴音響的時代，在卡拉OK出現以前，各式各樣的音樂喫茶店繁榮發展。

等到一九九五年星巴克在日本設店，大多數的喫茶店已然消失。這家美國超級連鎖咖啡店現在已有四百五十四家，但它並不是豐富的喫茶店文化沒落的原因；喫茶店文化遇到的第一大挑戰，其實是羅多倫咖啡的大獲成功，該家連鎖咖啡店於一九八〇年開幕，日本國內現在有一千餘家。羅多倫咖啡不僅讓咖啡價格降低至少兩百日元，還具備一套新穎的特性——快速、效率、高品質。星巴克則是更進一步，提供 wi-fi、電源插頭、禁煙環境。

不過，咖啡在日本不只是飲料而已，還是一種表演。看看咖啡師進行虹吸咖啡的準備作業就能明白了。酒精燈將下層玻璃球裡的水加熱，在蒸氣壓作用下，水蒸氣沿著玻璃管往上移動，進入上層的玻璃漏斗。咖啡師抓準完美時機，運用出色的技巧，將咖啡粉與沸水攪拌再攪拌。經由咖啡師的表演，我們回到了過去，回到了第一批蘇菲派旋舞者優雅地將咖啡帶給我們的時候。

實用資訊

UCC 咖啡博物館

650-0046 神戶市中央區港島中町 6-6-2

電話：（078）302-8880

築地

604-8026 京都市中京區四條通與河原町通交叉口往北走再往東

電話：（075）221-1053

弗朗索瓦

600-8019 京都市下京區西木屋町通與四條通交叉口往南走

電話：（075）351-4042

花房

606-8332 京都市左京區岡崎東天王町 43-5「レジデンス岡崎」1 樓

（075）751-9610

進進堂

606-8224 京都市左京區北白川追分町 88

電話：（075）701-4121

大象工廠

604-8023 京都市中京區蛸　師通與木屋町通交叉口往東，備前島町 309-4

「HK 大樓」2 樓

電話：（075）212-1808

Honyara 洞咖啡館

604-8015 京都市上京區大原口町 229

電話：（075）222-1574

Evian 咖啡

650-0022 神戶市中央區元町通 1-7-2

電話：（078）331-3265

第12章 中國在日本留下的印記

二〇一一年恰逢中國辛亥革命一百週年紀念，民族主義份子發起辛亥革命，推翻清朝這個末代王朝，建立中華民國。中國與台灣都認為自己是中國政府的正統繼承人，並依循己方的歷史觀，慶祝這個重要活動。雙方在許多方面都是意見相左，卻在一件事上持有相同看法——推崇孫逸仙（一八六六年至一九二五年）為革命之父，帶領中國邁向現代。

二〇一一年十月，適逢一百年前那場起義的月份，在愈趨時髦的京都三條通，在供應「烏龍咖啡」的柳華咖啡館（China Café）不遠處，MOVIX電影院播放了《辛亥革命》一片。片中描述身為多數的漢人對身為少數的滿族統治者所懷有的憤恨，他們不惜殺出血路，建立共和國。香港的全方位藝人成龍擔任共同導演兼演員，這部電影充滿動作畫面，還附有歷史人物名冊，給沒有歷史知識、需要補充說明的觀眾參考。成龍飾演黃興，黃興是孫逸仙的副手，國民黨創辦人之一，也是辛亥革命的軍事領袖。

在日本觀看這部電影，片中的故事頓時顯得尖銳起來。畢竟，一六四四年，滿族入侵中國，建立清朝，明朝志士逃到日本，德川幕府給了庇護，讓他們住在長崎。德川幕府與明朝志士都認為，中國是在腐敗的異國人的把持之下，也都覺得日本應是中國儒家文化的繼承者。在現代時期以前，日本確實認為中國是最高文明價值的象徵。

中國文明價值的流傳，是經由商人、學問僧，還有移居海外的明朝志士，這群精英當中有書法家、中醫師、音樂家、文人等。中國精英現身於日本，日本人與遠地的知識份子紛紛踏上靈性與知識的朝聖之旅，前往長崎，向中國文明的代表人物學習。其中一位人物是中國僧人隱元隆琦（一五九二年至一六七三年），他在中國是臨濟宗高僧，一六五四年來到日本。隱元禪師在日本碰到自家的佛教宗派，日本臨濟宗在十二世紀晚期引進日本後似乎毫無改變，隱元禪師對此感到有些擔憂。

明朝晚期（一三六八年至一六四四年），中國臨濟宗的許多教義有了變化，但日本臨濟宗卻有如停滯於時間之中，未受一絲影響。中日臨濟宗的差異之大，致使隱元禪師大膽前往江戶（今日的東京），覲見德川家綱（一六四一年至一六八〇年）。德川家綱最終應允隱元禪師建立一門獨立的宗派，還將京都南方的宇治的一塊地賜予隱元禪師，作為興建寺院之用。

隱元禪師在中國的黃檗山萬福寺剃度出家，於是他將革新的日本臨濟宗命名為「黃檗宗」，興建的日本寺院則命名為「萬福寺」。隱元禪師不但在日本創立新的宗派，還將新的食物與烹飪做法引進日本，西瓜、蓮藕、腰豆全都要歸功於隱元隆琦。萬福寺教學部長荒木將旭表示，萬福寺供應的全素料理很出名，稱為普茶料理（亦即「配茶吃的料理」），起源是僧人在重大宗教儀式後共享的供品。在黃檗宗的儀式當中，有個重要的環節是飲用煎茶，煎茶一詞是用來概稱捻成細卷狀的原片茶葉。

引進茶葉

原片茶葉的飲用最初是在十六世紀晚期傳進日本，不過一直等到十八世紀中葉，日本國內才廣泛飲用原片茶葉。茶湯（茶道的古稱）使用的茶粉原本在中國的上層階級很流行，到了明朝，中國的禪寺不再使用茶粉。茶湯成為日本認同的地位符碼後，當代日本的煎茶道或中國茶道就相形失色。

東阿部流煎茶道第五代掌門土居雪松表示，在當今的日本，中國茶道約有一百多種流派。茶師以一只小壺和五只小杯款待多位客人，偏好使用玉露，這種原片茶葉呈現鮮明的翠綠色，茶香獨特，滋味濃郁，飲後回甘。京都一流茶葉供應商一保堂茶舖的水木宏亮表示，這種淡綠色的茶葉適合「緩緩啜飲，以舌品茗」。

中國社區蓬勃發展

當今的日本有新的中國正在蓬勃發展，在中國移民最初定居的舊社區內外，定居者成為日本社會一股潛移默化的重大力量。日本最知名的三個中國城分別位於長崎、橫濱、神戶，全都設立於十九世紀，吸引的移民多半來自中國沿海省分，有廣東省（尤其是廣州）、福建省，還有三江，亦即江蘇省、浙江省、江西省這三個東部沿海省分。於是，在明治時代（一八六八年至一九一二年），廣東話成了日本境內中國移居者當中最多人使用的方言。明治時代的中國人對家鄉省分的認同感高過於國家的認同感，這種情況是當時很典型的現象。舉例來說，上海人只對上海地區產生認同感。

住在神戶地區的海外中國人之所以能繼續承襲中國文化，有個極其重要的機構是背後的推手，那就是神戶中華同文學校。該校創立於一八九九年，有小學與中學，在全球來說，是規模極大的華僑學校，長久以來皆是關西地區的華僑教育中心。該校

最初是以廣東話教學，後來在中日戰爭期間（一九三七年至一九四五年）改成官話（中國的官方語言），此舉最終導致官話成為中國城普遍使用的語言。

距離該校不遠處，即為神戶的中國城，名為南京町。神戶的中國城比橫濱的中國城還要小，卻仍是生氣蓬勃，餐廳與路邊攤多達一百餘家。不過，如欲親嚐高檔的中國傳統料理，可試試座落於神戶北野、風格雅致的東天閣。北野地區的住宅是由十九世紀晚期居住此地的有錢外國人所興建。東天閣所在建物是有百年歷史的宅邸（F. Bishop House），有挑高的天花板、奢華的長毛地毯、精緻的中國工藝品、豪華的帷幔。東天閣的拿手菜是北京烤鴨，還供應各式花茶，花茶盛裝在透明的玻璃壺內，綻放成真正的水中花園。

如果在日本品嚐這些中國滋味只是道開胃菜，引得你胃口大開，那麼神戶港每週都有渡輪開往中國，只需兩天時間就可置身於上海。

實用資訊

黃檗山萬福寺（**普茶料理請提前一週預約**）
611-0011 京都府宇治市五庄三番割 34
電話：（0774）32-3900
www.obakusan.or.jp

全日本煎茶道聯盟
（萬福寺內的煎茶道會館）
電話：（0774）32-1368
www.senchado.com

一保堂
（京都本店）
604-0915 京都市中京區寺町通與二條通交叉口
（075）211-3421
www.ippodo-tea.co.jp

東天閣

650-0003 神戶市中央區山本通 3-14-18

電話：（078）231-1351

www.totenkaku.com

日中國際渡輪公司

550-0013 大阪府大阪市西區新町 1-8-6「三愛大樓」2 樓

電話：（06）6536-6541

www.shinganjin.com

第13章 地理即命運：日本的人造島

提及人造島，不由得想起故事中的島嶼，譬如說亞瑟王傳說的阿瓦隆島、《天空之城》的拉普達、未來派建築師巴克敏斯特・富勒（Buckminster Fuller）與丹下健三發想的漂浮城市。過去五十年來，日本在技術與工程上達到非凡成就，人造島成為可行的選擇，而都會區向外擴張更是促成人造島數量激增。大阪灣目前有八座人造島，一百六十公里的海岸線有百分之九十五是填海而成。近幾十年來，人造島的類型與用途是以住宅、工業、垃圾處理廠、機場為主，不過長久以來日本建立人造島向來基於其他因素。

據《日本書紀》所述，日本第三十三代統治者推古天皇雇用韓國工匠打造庭園，園內即建有縮小版的須彌山，須彌山是佛教宇宙觀的島狀山，是眾神居住的神山。推古天皇下令打造的庭園，確實傳達出她心目中的模範信仰，這種

名為「淨土庭園」的園子之後在平安時代流行起來。淨土庭園運用「縮景」（不應跟「借景」混為一談）手法，重現真實或想像之景。藉由佛經的描述或畫作的描繪而得以窺知的場景，即可作為淨土庭園的樣板。

京都府宇治市平等院鳳凰堂（十日元硬幣背面圖樣）風格雅致，座落於現今已極少見的淨土庭園。鳳凰堂矗立在名為中島的人造島之上，人造島位於如鏡的水池中央，是「種子」小島，再以石頭修築擴建而成。鳳凰堂是用來表現《佛說無量壽經》中，阿彌陀佛在西方極樂世界的宮殿。這種象徵式的島嶼呈現活出信仰的意義，遙不可及的境界拉到觀者的眼前，觀者對於超然之含意也會有更深一層的認識。

飛鳥時代與奈良時代（西元五三八年至七九四年）的古老庭園通常會採用縮景法，偏愛表現海景與島景，因此這類庭園甚至會以「島」稱之，不是以「園」稱之。日本的儒家學者林春齋周遊日本群島，讚揚諸島風光寫成之作，更是讓這類風中島嶼與岩石海灘在江戶時代（一六一五年至一八六八年）大獲褒揚。林春齋做出的評價化為日本傳統文化的一部分，日本三景（即日本「最壯麗的三個景點」，分別為松島、宮島、天橋立）即是樣態各異的島嶼，有覆滿松樹的小島、沙洲等，而數百年來，三景在詩詞與畫作裡成為不朽的存在，還納入庭園設計的語彙。

然而，美學與宗教上的意圖從來就不是前現代時期興建人造島的唯一動機。日本興建人造島是基於防禦目的，而這防禦目的也包含文化隔離的概念。長崎灣的出島原為半島，狀如扇形是在大陸上挖掘運河所致。出島興建於日本鎖國時期，用意是限制人員與資訊的進出交流。當時日本政府限制境內的外國人（寥寥一些荷蘭商人與中國商人）只能住在出島。戰後，長崎都會區擴張，吞沒了這塊曾為島嶼的大部分土地，而後為了加寬河道，挖空了出島的剩餘土地，出島因而消失。

台場也是基於防禦目的而興建的人造島，從島上的大砲，尤可見之。當年海軍准將培里率領黑船來到日本，令人聞風喪膽，此後日本政府一直深怕遭受外國勢力侵略。江戶時代晚期，為了防護日本，避免外國侵略，德川將軍下令在東京灣興建一系列的人造島堡壘，在島上設置火砲。明治時代中葉，這些人工島再也用不上了，為了讓船隻的通行更為順暢，便移除四座人工島，只剩下兩座人工島留存至今，而且已轉型為娛樂與居住用途。

無論是觀島還是造島，日本對島嶼懷有的崇敬之情，不但反映出日本的地理特色，也是就日本對海洋的依存，表達心中的敬意。一九六〇年代，名為「代謝派」的日本前衛派建築運動，為日本的都會空間與建築概念帶來深遠的影響。代謝派提出漂浮城市的概念，不但引起全球的關注，更是恰逢大阪灣海洋與濱海區快速發展之際。後續數十年所做的建築嘗試，似乎就是在落實前述的若干概念。

代謝派提出的計畫核心就是「海洋即為新文明所在之處」。代謝派之所以反對現代主義，是因為現代主義缺乏生活，而建築學理應是善於接納變化的一種動態過程。尊重生態環境、多種型態共存共生、永續發展，全都是代謝派奉行的信條。根據大阪出生的丹下健三的構想，太平洋沿岸會出現一系列的海洋城市，開創出「海洋文明」的新時代。這種對海洋的全新重視，這種「藍色革命」，最終會讓人類從五千年的大陸文明暴政裡解放出來。浩瀚的海洋覆蓋四分之三的地球，原是未完全開拓的新領域，或許終有一日擁擠的人口可往海洋疏散。

大阪市有四座離岸人造島，分別為咲洲、夢洲、舞洲、鳳凰島。四座人造島當中，唯有咲洲的建造是作為居住用途，其餘三座人造島都跟垃圾處理有關。咲洲的中心稱為「港城」，公寓高樓矗立，人口達兩萬六千人。鬧區中心有一條人工河流經。如今土壤裡與樹幹上種植各種蕈菇。咲洲竣工後的三十年間，植被繁茂，猶如向頑強的生命力致敬。用「垃圾島」一詞形容咲洲，往往會讓大眾誤以為咲洲是以紙箱、瓶罐、舊單車、廢車打造而成。其實咲洲的地基是底渣，基本上就是大量垃圾焚燒後留下的東西。

在附近的舞洲可目睹整個焚燒過程。從大阪所在的陸地望去，舞洲焚化廠與污水處理廠的外觀有如《一千零一夜》故事裡才會有的建物。兩座尖塔的頂端是金色洋蔥狀的穹頂，其實是兩座工廠的煙囪。舞洲焚化廠負責處理大阪兩個區的垃圾，每日垃圾量多達九百公噸。

特立獨行的維也納建築師百水(Friedensreich Hundertwasser)設計焚化廠和污水處理廠的外部。百水本身並不是代謝派，但他的想法跟代謝派運動的許多觀點一致，例如堅持有機設計、批評現代派內容貧乏等。百水譴責「窗戶隔離」的做法，窗戶隔離是指在同一棟建築不混用形狀大小各異的窗戶。依百水的標準，建築物若是講究效益與功能，不僅不適人居，也是不道德的。大自然裡沒有直線，也沒有一模一樣的物體，因此百水把弧線納入建築的線條裡，譬如說在屋頂種植樹木、盆栽靠牆擺放、地板不平坦、桌子沒有直線的線條等。

假使人類在人生中最渴望的事情，是跟大自然和諧共處所獲得的變化與美好，那麼百水就是利用舞洲的建物，把這般的渴望帶到我們的眼前。舞洲焚化廠是大膽肯定人生的建築物，出自於生氣蓬勃的藝術家，他決心在人類碰巧居住及工作之處，打造幸福的棲息之地。

無論是自然還是人工，日本人對於島嶼的迷戀，於昔於今向來是個常在的主題。在古老的時代，這類島嶼是適合靜心冥想的藏身之處；在今日的時代，真有人類居住於人工島，想像著海洋烏托邦。

實用資訊

舞洲焚化廠（**需預約**）
554-0041 大阪府大阪市此花區北港白津 1-2-48
電話：（06）6630-3353

平等院
611-0021 京都府宇治市宇治蓮華 116
電話：（0774）21-2861
www.byodoin.or.jp

第四篇

藝術

第14章 舞踏：靈魂劇場

舞踏隸屬於一門愈趨成長的日本舞派別，通常以「前衛派」稱之。雖說如此，舞踏的歷史有半世紀之久，如今在日本、美洲、歐洲、亞洲、大洋洲，皆已發展成熟。二〇〇五年，西西里島巴勒摩的國際舞踏學院竣工落成，但只要舞踏剛興起時所秉持那種逾越界線的精神仍舊是舞踏的靈感來源，那麼大家或許還是會把這種舞蹈形式視為實驗性質。

日文的舞踏有「舞蹈」之意，但十九世紀中葉，舞踏的涵義窄化，專指當時剛傳入日本、廣為流行的西方舞蹈形式，例如：芭蕾舞、狐步舞、探戈等。一九五〇年代晚期，土方巽（一九二八年至一九八六年）開始在東京投入前衛派舞蹈活動，他採用「舞踏」一詞，將新興的舞蹈形式與日本原生的傳統舞蹈（歌舞伎與能劇）區分開來。當時傳入日本的西方舞蹈輕盈歡快，土方巽希望舞踏能反其道而行，便在舞踏前面加上「暗黑」(*ankoku*)二字，即成「暗黑舞踏」(ankoku butoh)。

暗黑舞踏的美學起初發展於二戰後的時期，當時日本經歷劇烈的社會變遷，原子彈在廣島與長崎爆炸，全面殲滅原為不可能之事，竟已成真。美國文化大舉入侵，日本的組織機構與生活方式隨即起了變化，傳統文化也面臨遭到抹殺的危機，或者起碼可說是攪亂一池春水。各個領域普遍懷有一股迫切感，亟欲復興真正的日本認同。從好幾種異議行動中，就能察覺這種現象，民族誌與民俗研究的領域即是其一。民俗學家柳田國男(一八七五年至一九六二年)與折口信夫(一八八七年至一九五七年)的作品頌揚農村與邊陲地帶，廣受大眾歡迎。兩位研究學者蒐集日本各地的故事與地方習俗，以期促進日本人對傳統文化產生新的認同，同時強調日本各地的差異甚鉅。當時還有另一種形式的反抗特色出現在政治場域，反安保的抗議活動即是其中一例，《日美安全保障條約》(授權美國政府使用日本各地軍事基地之條約)的續約即引發多起大規模抗議活動。

在舞蹈場域，舞踏表現出另一種異議風格。舞踏之所以興起，是因為日本社會跟過去產生斷裂，在邁向現代化與經濟優勢之路時，也嚐到了苦果，沒有一致的身分認同可相伴左右。舞踏的身體姿態讓人想起過去的時光，回到歌舞伎與能劇描繪的那個黑暗的前現代時期，那時，電子照明尚未出現，劇場尚未變得「通俗化」。這類「回到過去」的技巧揭露了舞踏的核心就是鄉愁情懷。這份情感的有形物證就是部分舞者穿戴的和服碎布，一再呈現出日本認同的分裂。然而，舞踏的鄉愁終歸並不囿於傳統疆界，畢竟它反對的正是現代本身。基於這項因素，適當的因應做法就不可能是簡單地回到早期的日本舞台形式。舞踏尋求的是逾越界線的多種典範，不是在尋求回歸。在舞踏界探索期間，富有影響力的多位舞者把眼光轉向歐洲，尋求這類典範，原因在於他們認知到其他地方的人也對現代風做出反應，也意識到自我失去了重要的部分。

舞踏雖然深植於日本，卻也是相互交流影響之下獲致的健全成果。舞踏從超現實主義中汲取養分，超現實主義推動了幻想與夢境的探索，以及潛意識的研究，而在這門領域，佛洛伊德以維也納的診療室沙發作為起點，成為先驅。在舞踏美學成形之前，共同開創舞踏形式的土方巽與大野一雄（一九〇六年至二〇一〇年）即已研究過芭蕾舞、德國現代舞，還受過法國默劇的影響。

大野一雄師承江口隆哉，江口隆哉曾遠赴德國，在瑪麗·魏格曼的門下習舞，而瑪麗·魏格曼正是德國表現派舞蹈的偉大先驅。大野一雄還向石井漠學習一些舞蹈技巧，石井漠不僅是日本的西方現代舞先驅，更是義大利芭蕾舞家喬凡尼·羅西的得意門生，當時羅西接受日本帝國劇場的委聘，教導古典舞與現代芭蕾舞。然而，當時的大野一雄並未感受到舞蹈的召喚，後來欣賞佛朗明哥舞知名大師安東妮雅·馬賽（Antonia Mercé，又名「La Argentina」）在東京的表演之後，大野一雄才真正體悟到舞蹈正是自己的天職。大野一雄看了馬賽的表演，驚歎不已，當場下定決心，投身於舞蹈。另一方面，土方巽是受到西方文學的啟發，他鍾愛的作家有尚·惹內、薩德侯爵、喬治·巴代伊、愛倫坡。

舞踏特別能營造出引人共鳴的夢景，一九五九年在東京登場的首次舞台表演即是明證。該齣舞作名為《禁色》，改編自三島由紀夫的同名小說。舞作的主題是同性戀，舞台上有個男孩把一隻雞放在胯下活活勒死，最後是一個男人在全暗的舞台上追著男孩，觀眾只聽得見奔跑的聲音與沉重的呼吸聲。根據舞踏界的傳奇故事，這齣駭人聽聞的表演導致半數觀眾離席。

土方巽的暗黑舞踏從一開始就是在試圖粉碎觀眾的自滿之心，他把現代世界必須隱藏的一切事物，那些導致人類生存困頓的諸般事物（例如疾病、殘疾、性慾、死亡、大量物質消費製造的廢棄物），全都放在舞台上展演。

土方巽認為，無論是身體埋在土裡，還是心靈飽受壓抑，這些遭社會放逐的部分會化成幽靈，糾纏著現代人的靈魂。土方巽在舞台上呈現這些禁忌，迫使觀眾正視自己不願承認的那一面。

土方巽的魅力黑暗又有力量，大野一雄則是鮮明的對比。大野一雄把明亮又溫柔的特質帶入舞蹈當中。土方巽與大野一雄合作二十年，建構出舞踏的陰陽兩面。順道一提，大野一雄與土方巽都是出身於日本北部。以土方巽為例，他在故鄉經歷極度貧困的生活，姊姊被賣到妓院，好養活一家子，這件事讓他終生難以釋懷。土方巽和大野一雄常常看見那些餓得發慌的農人在田裡種植稻米，腰永遠直不了，呈現彎腰屈膝的O型腿姿勢，於是這種姿態成了舞踏的經典舞姿。除此之外，還有其他的姿勢，例如：垂首、O型腿、內八字。土方巽起初試圖再現前現代日本人的身體，他們跟大自然的韻律比較協調。土方巽認為，藉由某些姿態的再現，封存在姿勢裡的記憶就會在舞者的身上復活，也能引起觀眾的共鳴。終究而言，這不只是象徵日本前現代生活的艱苦與全然的耽於肉慾，也是在嘗試回到前社會化的身體，去除習慣的動作，從而接納全新的創意表達形式。

舞踏的訓練側重於內心深處，練習室不使用鏡子，有了鏡子，舞者就無法專注於轉化內心的練習。舞者學到的技巧是專門用來解構機械時間制約的現代軀體，而在鷹架式教學中，舞者可看到虛假的現代自我之建構。我們可以把舞踏視為浸淫於過去的一種表現形式，為的是跟傳統進行細緻的對話或協商。舞踏對於頓悟的渴望，跟日本佛教有異曲同工之妙。所謂的頓悟，就是人到達邏輯能力的盡頭時，剎那間獲得完整的體悟。

一九六〇年代的暗黑舞踏是在東京的小型劇場表演的地下舞蹈。一九七〇年代，舞踏成為一種強韌又富創意的舞蹈，而且跟柳田國男與折口信夫引發日本人對農村與邊陲地帶廣泛生起的鄉愁情懷，可說是相互合鳴。一九八〇年代，舞踏步上國際舞台，尤其是歐洲。一九九〇年代起，日本土生土長的舞踏在這世上的許多地方突然間萌芽。舞踏是指專為日本人的身體打造的日本舞，新興的非日式舞踏潮流則對這樣的定義提出質疑。

土方巽在一九八六年過世，大野一雄在二〇〇七年以高齡一百歲之姿，表演人生中的最後一齣舞。大野一雄坐在輪椅上跳舞，手部動作細心演繹得盡善盡美。舞踏這種舞蹈形式並不要求理想體型，唯有深切了解自身在此生獲得的身軀，方能表演舞蹈，因此舞踏界也沒有退休年齡。日本當今最大的舞踏團是大駱駝艦，不過還有一家重要的舞踏團——山海塾——是以巴黎為經營據點。卡洛塔·池田（Carlotta Ikeda）從一九七八年起也是住在法國，持續經營Ariadone這個純女性的舞踏團。早在一九七〇年代，就有國際知名舞者在巴黎跟舞踏的表演者相互交流，德國的碧娜·鮑許（一九四〇年至二〇〇九年）即是其中一人。由此可見，舞踏與鮑許在早期就相互影響，而且雙方都是從德國的表現派舞蹈汲取養分。今日，舞踏分成許多流派。有的流派作風誇張，營造不寫實的畫面；有的流派偏向波蘭戲劇大師葛羅托斯基（Jerzy Grotowski，一九三三年至一九九九年）的「貧窮劇場」，亦即去除服裝、布景這類的外在元素，把重點放在演員有沒有能力光憑完美的技藝，達到徹底的轉化。這類表演的核心就在於觀者與表演者之間的心領神會。

受到土方巽啟發的還有法國劇作家亞陶（一八九六年至一九四八年），亞陶主張要終結那種「在藝術上輕率對待形式」的現象。亞陶說，表演者應該有如

「木椿上遭火焚燒的受害者，在火焰中打著信號」。亞陶在藝術訓練期間見識到歌舞伎的表演，不由得脫口而出：「日本人是我們的老師。」可惜，亞陶沒能活著見到舞踏的誕生，舞踏可說是最為接近亞陶心目中的理想劇場表演。雖然我們對舞踏往往是以「舞蹈」稱之，但是要理解舞踏的內涵，最好視之為劇場類型，舞踏是靈魂劇場。細膩的舞踏表演，有如驅邪儀式，讓我們心中的魔鬼流洩出來。舞踏結合了亞陶口中的「影像的炙烈魅力」以及「靈性的療癒」。還有一點最為重要，人類對於驚愕事物的理解能力，也因舞踏而變得活躍起來。

實用資訊

今貂子舞踏研究所

今貂子＋倚羅座舞踏公司

601-8021 京都市南區東九條宇賀邊町 13-1

電話：（075）748-6778

www.ima-tenko.com

第15章 和平之臂：日本最新武道前進羅馬

羅馬人對武道向來十分熟稔。根據傳說，羅馬城興建者羅慕路斯在比賽中殺死雙胞胎弟弟，得以統治這座日後以他命名的首都大城。雙胞胎的父親是戰神瑪爾斯，也是羅馬的守護者，在古代廣受歡迎。好戰的帝國留下的遺跡，在現代化的羅馬城處處可見。戰神廣場成了眾人流連的場所，羅馬軍隊在此處操練，古羅馬的貴族青年在此處鍛鍊戰技。古羅馬廣場的雷吉亞建物存放瑪爾斯的長矛，要是說出「戰神已醒！」的口號，從收藏室裡取出長矛，就表示戰爭開打了；羅馬競技場會的大門為鬥士而開，在喧鬧的觀眾面前，鬥士訴諸非寫實的暴行，展開殊死戰，沉醉其中。這個好戰帝國的領土涵蓋了北非、歐洲的大部分地區、中東地區，奠定其根基的是這句話：「凡有衝突，非勝即敗。」

不過，非得如此嗎？二〇〇八年，和良久（意思是「永遠和平良善」）這門新興的日本武道選擇文化多元的羅馬城，建立其在歐洲地區的中心。和光道場（Wako Dojo）距離聖彼得大教堂不過幾步之遙，開幕當天，大家興高采烈，以清酒輪番乾杯，期望能以羅馬為起點，讓和良久武道在歐洲各地開枝散葉。和良久這門新興武道是受到神道——日本本土的泛靈教派——的啟發，而且此時此刻至少會讓人聯想到創始人前田比良聖。前田比良聖是京都人，十歲即練習武道至今。前田比良聖擔任大本神道的神官，又曾獲得奧運級空手道冠軍，展現出和良久武道依循的那種似非而是的準則——「不傷他人，亦不為他人所傷。」

「和平的武道」這種說法顯然自相矛盾，若有人問起，前田比良聖堅決說道，日文的「武道」翻成英文是 Martial Arts，武道的真正精髓在譯文中消失了。五十六歲的前田比良聖（他的體格類似阿特姆彼斯宮裡的戰神雕像）表示：「武道原本不是武術，而是一種修行法門，以肉身來接近神，也就是那些在空中、在山裡、在水中、在人心裡的守護神。無論是空手道、功夫還是跆拳道，各個武道門派奉行的哲理皆是為了考驗肉身，不過武道要是成了只有肉體上的修行，偏離武道的哲理，那麼就只是一種運動罷了。前田比良聖認為，問題在於長久以來大家一想到日本武道，就會聯想到舊時日本的武士精神，或者覺得武道的技巧可拿來訓練士兵，用在現代的戰爭上（日本自衛隊都受過柔道與劍道的訓練），或者覺得武道是奧林匹克運動會的業餘競賽項目。

世界各地都有人把武道看成是具攻擊性的殺人技術，或者是贏過對手就能拿到獎品或獎盃的比賽項目，但這類觀點呈現出的是最初的武道精神的弱化版，據傳武道精神記載於古老的神道文本。前田比良聖的主要任務就是武道的再教育。二〇〇九年七月，前田比良聖在義大利帕瑪舉辦工作坊，並於期間表示：「武道家的修習是為了參透神性。」練武的目的是讓人在練習時，利用聲音與身體動作，整合心理、生理、情緒層面。根據和良久的教導，世上最強大的力量是愛，最弱小的力量是憎恨或無法原諒；據此，和良久武道比賽不是「對手」之間的比賽，而是「同伴」之間的比賽。同樣的，武道使用的長木劍與其說會讓人聯想到毀滅的力量，不如說會讓人聯想到創意的力量。在未受過武術訓練的一般人眼中，那只不過是一根長長的木棍；在受過初步訓練的習武者眼中，它跟神道的起源故事有關，日本人的天父天母降下一根長矛，插進海水的濃鹽水裡，以螺旋動作不斷攪拌過後，群島從混沌的海水當中冒了出來。由此可見，木劍帶有神性的意味，應視之為聖人的雕像，抱以尊敬的態度。

義大利數學家費波那契和博學家達文西要是知道前田比良聖的學說核心是螺旋，心裡肯定會很高興，為這種表現形式著迷不已。費波那契率先判定大自然裡的螺旋生長圖案存在於宇宙各處，譬如說鸚鵡螺是對數螺旋形，松果的苞片呈捲繞分佈，向日葵種子的排列方式是一組順時針方向盤繞、另一組逆時針盤繞，不斷迴旋的星系有旋臂結構。在武道領域，螺旋的重要性在其源於相互重疊的圓圈裡的一個核心與多個向外的螺旋，以動力來運氣。前田比良聖教導大家尊敬螺旋的形式與概念，他教授的螺旋動作多達七十五種，還說和良久武道的習武者一舉一動都要學著跟隨宇宙的韻律。這位大師表示：「向同伴施展螺旋動作就是在修復他的氣。」由此可見，和良久武道與其說是保護自己或攻擊他人的一門技藝，不如說是讓氣不停流動的一種方式。和良久武道的習武者冀望自己能攪動惰性環境。

和良久武道二〇〇〇年創立至今已有十七年的歷史，由具領導風範與黑帶資格的前田比良聖把學到的所有技巧與哲理折衷綜合而成。前田比良聖精通空手道，受過京都南禪寺的短期禪訓，擅長 K-1 運動（空手道、拳法、自由搏擊、功夫），不過最接近和良久武道的其實是合氣道，合氣道也是取自神道的聲音理論——言靈（*kotodama*）。言靈是指某些聲音或振動具有潛在的力量，能夠影響身心靈以及實體環境。*a*、*o*、*e*、*i* 四個母音（日文與義大利文皆有母音）形成螺旋，回應身體周遭的四個點，這四個點就是操練期間氣的聚集之處，分別位於人的上下左右，以天地火水四個元素命名之。中心是第五點，是四個點相交的核心所在，回應的是母音 *u*。四點都跟核心呈等距離，在修行者的身體外圍形成保護圈。人的靈魂也是由四個層面構成，分別為無畏、契合、愛、智慧。四個層面不斷相互作用，需要修習訓練才能保持平衡。由於靈魂的四個層面對應至前文所述的聲音，因此發出某些音節或母音就能強化靈魂的某個部分。

和良久武道跟知名的中國武術有所不同，和良久武道認為人體有三個能量點往下直通中心。第一個點位於第三眼所在之處，第二個點位於太陽神經叢，第三個點位於下腹，而下腹在日本傳統文化中是生命的基座。這三個能量點會控制身體在空間中的各種動作，三點呈一直線排列，人就能保持良好的平衡，氣的流動順暢不受阻礙。

自十九世紀起，日本也懷著帝國夢的時候，大家一想到神道，多半會聯想到二戰的神風特攻隊飛行員以及日本在亞洲的軍事侵略行動，長久以來皆是如此，致使神道的靈性層面（例如和良久武道的修習中所呈現的層面）因而失色不少。其實，神道遭受曲解是政治目的使然，神道向來擁有和平的力量，立基於其對大自然的敬畏態度。在這個處處皆面臨環境退化的世界，在世俗主義遍布多數的歐洲地區之時，當今的神道或許已經發展成熟，在北美有日益成長之勢，再加上人們對於靈性抱有鄉愁情懷，神道也沒有常見的教條包袱，由此可見，神道變得格外容易受人歡迎。神道對於神聖與世俗不做明顯的區別，因為日常生活的種種細節以及神聖一體向來相互映現。神道的特點就是未經裝飾的樸素，比如說，神社使用未上漆的木頭，林間小徑鋪設碎石，形狀有如「門」字、顯然沒有柵欄區隔的鳥居（畢竟鳥居的唯一作用是界定人間與神域的界線）表現出極簡主義的風格，而缺乏文本傳統，更有可能讓人深陷其中。

由此可見，戰神瑪爾斯讓這門來自日本心臟地帶的新興武道座落於羅馬市中心，歡迎和良久武道進入祂那古老的技能庫，難以說是偶然巧合所致。畢竟瑪爾斯可不是什麼簡單的神，祂一開始的工作可是植物與繁殖之神。祂的妻子不只一人，愛神維納斯是祂的情人，羅慕路斯與雷穆斯是祂的兒子。不過，祂以戰神之姿大受歡迎，反倒使得祂初期秉持的和平作風遭到抹殺。戰神瑪爾斯具備和平與戰爭兩個極端，和良久武道只要一次的練習就能化解掉。在羅馬，一年有兩次機會可見識到這幅場景，前田比良聖一年會離開京都兩次，遠赴羅馬的和光道場示範。絕大多數的時間，前田比良聖都留在京都，教導門下日益增加且男女老少皆有的和平戰士，為的就是讓弟子不斷旋轉的螺旋裡的靜止中心得以穩固茁壯。

實用資訊

源頭藝術計畫（Origin Arts Program）

庵株式會社

600-8061 京都市下京區富小路通與高辻通交叉口往北走的筋屋町 144-6

電話：(075) 352-0211

和良久武道

天恩鄉大本教總部

621-8686 京都府龜岡市荒塚町內丸 1

電話：771-22-5561

第16章 逃向真實：三宅一生的時裝密教

無論是生活還是工作，當代時裝設計師三宅一生顛覆了大家對日本懷有的一些牢不可破、人云亦云的看法。講究簡樸、頌揚深暗中間色的侘寂（wabi-sabi）美學就此退場，進場的是奢華豔麗的婆娑羅（basara）美學，其歷史可追溯回南北朝時代（一三三六年至一三九二年）。同時間退場的還有島國感，畢竟三宅一生的事業遍及巴黎、倫敦、紐約、東京等世界大城，條理井然的國家之分也跟著模糊了起來。三宅一生無止盡追求技術創新，擁有色空的神秘直覺。他製作的服裝大玩反轉，有時正著穿、上下顛倒穿皆可，他那些呈現「色即是空，空即是色」佛教信條的服裝，因而增添了一種趣味感。畢竟，在三宅一生的眼裡，服裝要是沒有人體去穿，沒有觀者去看，就等同於未完成，或可說是赤裸的。

儘管三宅一生的風格是世界性的，但是和服之魂仍舊顯現在他大部分的時裝上。三宅一生在訪談中表示，和服已達演變歷程的結尾，臻至完美。因此，三宅一生並不盲目複製和服，而是解構和服的形式，把他從和服文化中學到的精髓，應用在當代的圖案上，甚至是未來派的圖案上。其中一樣精髓就是「空間」（ma）概念，常見於其他的日本傳統藝術，例如書法或空手道。而在時裝的框架下，空間是指三宅一生強調身體與服裝之間的剩餘空間。和服的主結構有充裕空間可供纏繞，三宅一生從中獲得啟發，改變布料的裁剪法，最終做出風格獨特的衣袖。三宅一生極其推崇法國設計師瑪德琳·薇歐奈（Madeleine Vionnet，首創斜裁法縫製希臘風禮服），而這一點再度流露出三宅一生不斷追尋人體與織物間的完美關係。由此可見，三宅一生的設計所蘊含的和服之魂，只不過是複雜故事當中的一部分而已。

和服是民族服裝，自是無庸置疑，但在日本的背景脈絡下，和服具有無所不包的普遍性，不受性別體型的限制，無論老少胖瘦，都能輕鬆穿裹上這塊寬鬆的衣料。或許最重要的一點就在於只要繫上和服腰帶，姿態就會突然變得文靜端莊，踩著小碎步，舉止也收斂了。衣服就是這樣塑造穿衣者，反覆灌輸文化價值。三宅一生應用這條準則，落實自身的價值觀，此外還以密教與「即身成佛」(sokushin jobutsu，即以凡人肉身修行成佛）之心願為基礎，打造更全面的美學，藉以解放穿衣者。

一九八〇年代，蘋果公司創辦人賈伯斯拜訪Sony公司，隱約察覺到衣著帶來的影響。當時Sony公司有一套制服是三宅一生設計，採用耐磨尼龍布的時髦外套，只要拉開袖子的拉鍊，就可以變成背心。這種彈性多變的制服凝聚了Sony員工的向心力，賈伯斯從中獲得啟發，請三宅一生為蘋果員工設計類似的背心。無論制服的品質有多高雅，蘋果的工作團隊最終還是反抗到底，不願穿上那種明顯的制服。儘管如此，賈伯斯還是請三宅一生做了一些他欣賞的毛衣款式。三宅一生與賈伯斯相遇後，極具領袖魅力的賈伯斯常穿的黑色高領毛衣就此誕生。

在三宅一生的眼裡，和服終歸是日本版的「A-POC」——這是三宅一生針對「A Piece of Cloth」（一塊布）所造的縮寫字。根據三宅一生的理論，各個文明的製衣業都是從一塊樹皮或布料做衣服開始的，例如印度的沙麗、印尼的沙龍、玻里尼西亞的拉瓦拉瓦(lava-lava，類似沙龍)、蘇格蘭的蘇格蘭裙、蒙古的德勒(del)。希臘人和非洲人的傳統服裝同樣都是以 A-POC 作為基調，無論是圓形還是矩形，世界各地的人類分別發想出一塊布的概念。在紡織技術出現之前，早期的人類仍舊依循 A-POC 的概念，穿戴單件動物毛皮，不僅具有保護作用，而且正如特立獨行的設計師百水所言，「第二層皮膚」讓人類跟其他的動物有了分別。第二層皮膚愈趨具有社交護照的作用：「人如其衣。」所有的時裝都是精心製作的第二層皮膚。無論人類早期的祖先是在肩上披一件動物毛皮，還是在近期，披掛著一件用海螺黏液染成皇家紫的長袍，總之用一塊布料製成衣物，再以胸針或皮帶、或者以綁結或塞摺的方式來固定衣物，可說是呈現出人類在文化上、在地理上的多元發展。對三宅一生而言，A-POC 猶如時裝的原爆點，更是他反覆尋求靈感的源頭。

一九九九年，三宅一生跟徒弟藤原大攜手在東京推出 A-POC 時裝系列。他們將彈性尼龍編織成圓筒狀，用電腦繪製剪裁線，還提供剪刀，穿衣者可依自己的喜好製作出獨具個人風格的服裝。袖子與裙擺的形狀與長度，頸線的弧度或角度，全都由顧客當場自行挑選裁剪。時裝產業在快速淘汰的風氣肆虐之下，面臨著永續發展的問題，A-POC可說是此問題的其中一種因應之道。A-POC的用意是讓大眾更意識到服裝產業的核心其實是廢棄物——註定要塞進垃圾掩埋場的碎布堆。此外，對於西方服裝成為現代時裝產業標準一事，A-POC的出現等於是含蓄批評此種現象。

日本在太平洋戰爭戰敗、遭美國盟軍佔領（一九四五年至一九五二年）之後，開始如浴火鳳凰般死而復生，日本服飾業在一九六〇年代快速發展，鼓勵女性就此拋棄日常穿著的和服，改穿西方的成衣。先剪裁後縫製的西式風格都是些合身的服裝，就是一九五〇年代好萊塢電影裡出現的那類服飾。數十年過後，A-POC興起，為的是重申一塊布的概念確實完整表現出另一種現代風，而不是純粹回歸和服，落入鄉愁陷阱。正如時裝史專家深井晃子曾經寫道，最初萌芽於一九七四年並為三宅一生帶來名聲的就是一塊布的概念，這種2D平面的服飾就是日式服裝的基本概念。

A-POC有如一場大眾實驗（我在京都碰見幾位曾參與這類剪裁盛事的人都懷以熱切的態度），不過大家想到三宅一生，往往只想到他最受歡迎卻較為保守的長年商品——「一生褶」（Pleats Please）系列的寬鬆長褲、洋裝、裙子。一生褶系列於一九九三年初次登場，至今仍是長銷熱賣品。三宅一生自創的打褶法，讓人聯想到西班牙設計師馬里阿諾．弗圖尼（Mariano Fortuny）設計的褶子，弗圖尼的精緻褶子做法依然保持「機密」，更是迷住了三宅一生。大多數的褶子做法都是在縫製前先在布料上做出褶子，三宅一生卻是將工序顛倒過來，先將輕盈的聚酯纖維布料剪裁縫製成過大的服裝，然後再將服裝放進有多層和紙保護的熱壓機，做出褶子。三宅一生做出的褶子方向有如紙扇的褶子。也許，這份對摺子的熱愛之情，其核心就是西班牙人與日本長久以來喜愛扇子這項時裝配件所造出的幻象。

這些皺褶衣出現在一九八〇年代末期，當成日常服飾穿用，呈現出三宅一生不屈不撓努力展現大眾在服裝上的理想，堪比強大卻低調的連身褲造成的國際影響力。簡樸的丹寧連身褲打破了文化上與階級上的屏障，遍及全球各地，跨越所有的性別界線。三宅一生發明褶子衣，為的是製造出一種或許也能大幅改變日常生活的服裝。一生褶是以加熱工序去烙布料，一段時間過後也不會消失。一生褶系列防皺、易洗、快乾。然而，藍色牛仔褲耐用又休閒，一生褶系列太過精緻昂貴，一般大眾是不會買的。一生褶系列很受歡迎，消費對象多半是中產與上層中產階級的女性。一生褶風格精緻，普遍受到歡迎，人人都認得這個品牌。

三宅一生設計的時裝最具魅力的層面，或許就在於其源自於人類對生命的歌頌，而呈現出的世界更是讓人聯想到密教對大日如來佛的重視。這些衣服輕盈得令人訝異，不合身卻有流動感，可釋放身體的束縛，豐富鮮活的色彩看了就討人喜歡，而動物、植物、未來風的圖案，更是能刺激想像力，讓穿衣者重新融入廣闊的宇宙中。京都的哲學大師梅原猛曾描述三宅一生的時裝引起的振奮之情，他說三宅一生是反傳統派，摒棄了主宰日本美學長達數百年的侘寂美學，復興了婆娑羅美學與日本史前繩文時期的活力。

三宅一生以樂觀與光明的態度，不斷將此時此刻塑造成我們會想要生活的地方。三宅一生採用的方式呼應了密教對於回歸自身——人體的第一層皮膚——的心願，他藉由衣料這個媒介來傳達五感，對活著一事表示由衷的感激。密教也讓佛教的無常觀——三宅一生的設計核心——有了正面的價值。畢竟，三宅一生的衣服不具穩定的特質，穿法不只一種。洋裝會隨穿者而改變，由此便可看出其多變的特質。正是因為需要穿衣者高度參與，所以三宅一生的設計必有其巧妙之處，才能讓穿衣者的地位獲得提升，成為主動的共同創作者。因此，有些人會說自己很喜歡三宅一生的衣服，可惜信心不足，永遠不會去穿。

《心經》是密教及大乘佛教其他派別的核心，一言以蔽之：「色即是空，空即是色。」這個道理應用在衣物上，就是在說，布料本身不是服裝，形狀不是服裝，機能不是服裝。服裝是布料、形狀、機能的總和，加上暫時穿上服裝的人體，再加上穿衣者在真實世界裡碰到的、珍惜服裝的人。

參考資料

Fukai Akiko. "Drapes and Pleats, or Japanese Fashion Design" (p. 97-109), In *Ptychoseis = Folds and Pleats: Drapery From Ancient Greek Dress to Twentieth Century Fashion*.Peloponnesian Folk- lore Foundation, Athens, 2004.

Isaacson, Walter.Steve Jobs.Simon & Schuster, New York, 2011, p. 361

Umehara Takeshi.“Issey Miyake: An Artist of“Basara”（p. 132- 133）, In *Issey Miyake Bodyworks*.Shogakukan, Tokyo, 1983.

實用資訊

神戶時尚美術館

658-0032 神戶市東灘區向洋町 9-1-2

電話：（078）858-0050

www.fashionmuseum.or.jp/english/index.html

三宅一生神戶店

NTT 西日本新神戶大樓 1 樓

650-0039 神戶市中央區前町 1 番地

電話：（078）392-2223

www.isseymiyake.co.jp/en/news_test/stores/kobe/

三宅一生 ELTTOB TEP

542-0081 大阪府大阪市中央區南船場 4-11-28 1 樓

電話：（06）6251-8887
www.isseymiyake.co.jp/ELTTOB_TEP/en/semba/

三宅一生精品店

JR京都車站大樓伊勢丹百貨公司
600-8555 京都市下京區東塩小路町烏丸通與塩小路通交叉口往南走
電話：（075）352-1111
www.wjr-isetan.co.jp/Kyoto/index.htm

3
4

第17章 牆面畫作：木村英輝的壁畫

日本的加拉巴哥化（galapagosization）經常出現在對話中，通常是指人民愈趨退出公民生活、國家脫離全球社會，此時卻有反證如一陣清風突然吹進溫室。還有一點更令人為之詫異，這類反證竟然是在京都成形。與其說京都城的名聲來自於當代的創新，不如說是珍貴傳統的保存。然而，藝術似乎藉由最公開的媒介——壁畫——在這座舊時首都蓬勃發展起來。壁畫出現在眾人意想不到之處，龐然大象翻筋斗的圖案現身於停車場的圍牆，巨大的白老虎填滿精品旅館的樓梯間，大群的鈷藍色動植物（從南瓜到螳螂）裝飾著商業大樓的室內空間，地下商場某一區的空間滿是鯉躍龍門的意象。

這些生機盎然的巨大圖案出自於木村英輝之手，這位六十九歲的藝術家是堺市漁夫之子。木村英輝才華洋溢，有如動植物世界派來的榮譽大使，專門跟姿意妄為的人類交流往來。木村英輝向來目光遠大，即便是在還沒進幼稚園的年幼時期，就已經頗具洞見。在愈感詫異的鄰居要求之下，年幼的木村英輝手持一片石板，在地上繪製壁畫。當時其中一位鄰居還說，這個小孩是繪畫界的美空雲雀。演歌歌手美空雲雀也是以神

童之姿，小小年紀就展開職涯。

雖然相撲界與棒球界的體育人物都有這樣的天才兒童，但是木村英輝今日的招牌風格是以動植物王國為主題，繪製超大型的圖案。香港、南韓、美國亦可看見木村英輝的部分作品。

木村英輝的壁畫帶來的影響力或多或少可以分析得出來，有一九六〇年代與七〇年代的青年革命、現代藝術界的國際潮流，還呼應了日本的浮世繪美學。木村英輝就讀京都市立藝術大學期間，深受費莉絲．上野-瑞克斯（Felice Ueno-Rix）的影響。上野-瑞克斯是出生於維也納的猶太流亡人士，人稱麗茲（Lizzi）。上野-瑞克斯與上野伊三郎結婚後，於一九二〇年代晚期來到京都。上野伊三郎是京都當地人，在柏林與維也納擔任建築師。這對四海為家的夫妻定居京都後，有助於歐洲現代主義在日本的普及化。

在上野-瑞克斯的影響下，木村英輝發展出一種終生伴他左右的認知。木村英輝的作品主旨向來是站在全球視野，在國際上發聲，同時又點亮京都城的公民生活。上野-瑞克斯運用的媒介各式各樣，但她對植物的喜愛不言而喻，設計的紡織品與壁紙圖案都有豐富的果實花卉意象。東京日生劇場的女演員餐廳委託上野-瑞克斯設計壁畫，為了繪製壁畫，她挑選木村英輝與另外三位藝術家一起合作，請見木村英輝的作品集《無我夢中》(*Muga Muchu*)裡的相片。

上野-瑞克斯雖帶來莫大影響，但在木村英輝兼容並蓄的發展上，只是一段和弦。當時有許多引領潮流的人物同樣也帶來啟發，多才多藝的坂井直樹即是一例，他設計的作品有：Olympus 的相機，Nissan 的 B-1 汽車（線條圓弧的可愛汽車就此流行起來），多家大公司的沙發與手機。時裝設計師三宅一生在巴黎、倫敦、紐約待了幾年，然後在東京設立總部。木村英輝的設計學生皆川魔鬼子一開始就以主要織品設計師的身分，加入三宅設計事務所的團隊。

木村英輝有一段時期是在母校擔任講師，但是學生運動和學潮使得他對學術環境日益不滿。木村英輝放棄設計講師一職，轉而投入音樂領域，擔任搖滾音樂會監製。木村英輝經由搖滾樂所吸收的美國文化形式，最終影響了他在藝術上的信條：「直接、簡單、從容、自由。」木村英輝也從美國普普藝術家獲得啟發，諸如安迪・沃荷、羅伊・李奇登斯坦（Roy Lichtenstein）、詹姆斯・羅森奎斯特（James Rosenquist）等藝術家，藉由廣告、漫畫書、日常物件等作品，模糊了大眾藝術與菁英藝術之間的界線。羅森奎斯特也曾經繪製看板招牌，因此日後才會選擇創作大幅畫作。木村英輝雖是欣賞前述三位藝術家，卻也表示：「美國的普普藝術家是站在紐約的文化上發聲，我想要用普普藝術來表現京都。」

日本的普普藝術家從動畫與浮世繪大量取材。村上隆的超扁平藝術運動利用2D平面的優點，使其成為日本文化的精髓。此外，奈良美智繪製的兒童畫，樣貌有些神似小布娃娃（Blythe dolls）或者瑪格麗特·基恩（Margaret Keane）畫筆下的流浪兒，不由得讓人聯想到動畫角色。這些藝術家（以及大部分的普普藝術家）所採取的推廣策略，有一部分就是訴諸商業重製的手法。村上隆創作了各種顏色的LV標誌，奈良美智有個限量手表和服裝系列的靈感來源，就是自己的圖案作品。

木村英輝筆下的動植物意象以及鮮活獨特的色彩，很適合做成吸引人的重製品。京都祇園地區的Ki-Yan Stuzio所販售的織品、帆布袋、襯衫、瓷器，都繪有木村英輝的鮮活設計。木村英輝的藝術表現兼具平息與暴烈兩種相異的特質。木村英輝有三十五年的時間都是偶而才作畫，到了六十歲才將全部心神投入繪畫中，成為全職的壁畫家。木村英輝表示，在潛伏多年後，「我擁有了看見的力量。」

木村英輝的作品避開了當代許多藝術家奉行的可愛美學，運用的色彩往往令人為之一驚，例如在名為「笑豹」的壁畫裡，有兩隻豹子隔著一段距離相對而立，那豹子用的是威尼斯紅。動物（例如魚、蝴蝶或螢火蟲）一經捕捉即失去光彩，木村英輝筆下的各種生物即使極具風格又奇幻，卻總是繪上牠們原本的棲息地加以映襯。京都市伏見區廣瀨婦產科的淺灰色水泥牆上，繪有步態優美、白鑞色的鸛鳥，儘管配色柔和，生命力卻明顯躍於牆上。

木村英輝避開了那種支持「感受」的理論，展現出獨特的觀點與全然的專注，勾勒出被繪對象的本質。藝術具備許多作用，當中「回歸自身、恢復精神」的作用肯定帶有薩滿意味。這類龐大植物圖案的功用有如圖騰，尤以動物圖案最為明顯。動植物圖案的存在，使我們能以全新的方式回到老地方。

傳統的展覽形式是將畫作收集在一個屋簷下供人欣賞，壁畫卻是反其道而行，因此要欣賞木村英輝的畫作，最好就是漫步於京都市中心。天台宗青蓮院——收藏的青色不動明王畫軸是知名國寶——有三組「襖」（即「拉門」）是由木村英輝繪製，上面繪有各式各樣的蓮花。〈藍色狂想〉這幅畫作有巨大的藍色蓮花，〈禮讚生命〉添上烏龜與蜻蜓，〈天堂〉畫滿鮮紅色與鮮黃色的蓮花。從青蓮院步行十五分鐘，即可抵達米村餐廳，天花板有木村英輝繪製的巨大紫紅色〈幸運龍蝦〉以斯文的姿態屈著身子。

然而，讓人印象最為深刻的，或許是京都市立動物園的〈大猩猩的日常生活〉壁畫，琉璃色的大猩猩家族繪製於建物內的一處空間。木村英輝的心靈似乎臻至成熟，以開放的胸襟接納萬物。即便是體型最微小的生物，木村英輝也能從中找到樂趣，懷著熱情與細膩之心，繪成龐然之物。

實用資訊

青蓮院（天台宗）
605-0035 京都市東山區粟田口三條坊町 69-1
電話：(075) 561-2345
www.shorenin.com

京都市立動物園

606-8333 京都市左京區岡崎法勝寺町

電話：（075）771-0210

www5.city.kyoto.jp/zoo

米村餐廳（需預約）

605-0821 京都市東山區八坂鳥居前往南走的清井町 481-1

電話：（075）533-6699

www.r-yonemura.jp

Ki-Yan Stuzio

605-0073 京都市東山區祇園町北側 292-2

電話：（075）525-0625

www.ki-yan-stuzio.com

第五篇

青年文化

第18章
自身之夢：日本的洛可可蘿莉塔

時尚可以是展現地位的方式，可以是自我認同的實驗室，可以是徹底造反的行動，或者是前述三者的任意組合。在日本，幼稚園到高中都要穿制服，於是課後時間就成了強烈展現個人品味風格之時，還推動了活力十足的街頭時尚文化。第一批蘿莉塔在群聚效應下開始出現在年輕人愛去的東京原宿與大阪美國村時，蘿莉塔洋裝之所以引人詫異，並不是因為過度的情慾展演，而是因為其以奇特的端莊態度，無畏展現不合時宜的女性特質。這種現象到底是從何而來？

雖然一九八〇年代的日本主流文化充滿各種可愛的東西（凱蒂貓爬上了非

官方的日本吉祥物地位)，但是當代日本有些少女竟然會選擇穿著端莊、多褶邊的維多利亞時代女孩服裝，仍舊令人感到不安。蘿莉塔洋裝是有緊身胸衣的蕾絲洋裝，蓬蓬裙和多層襯裙的長度落在膝下，底下再搭配長襪或吊襪，洋裝外搭白色或粉色的圍裙，這樣就完成整套的裝扮。此外，這些性感女孩會把頭髮燙成小卷，綁上緞帶，再以精緻的髮帶固定，或者羞怯地收攏在 BB 帽(peek-a-boo bonnet)底下。蘿莉塔的鞋子打著大蝴蝶結，一隻手提著小提包、抱著動物玩偶或外型相似的娃娃，另一隻手或許會拿著陽傘。蘿莉塔服裝其實高度標準化，或可解讀為另一種制服。可是，為什麼要發明蘿莉塔服裝？

這種超女性化的特質呈現出原本的甜美蘿莉塔風格，該基礎範本的靈感來源有一部分來自於《愛麗絲夢遊仙境》、維多利亞風的磁娃娃，還有日本對法國洛可可所抱持的觀點。雖然這個次文化極具 DIY 精神，也鼓勵蘿莉塔創造自己的風格和想像中的自己，但是隨著蘿莉塔風格日益盛行，消費對象為少女到二十五歲的品牌因而興起。第一個蘿莉塔品牌 Baby, The Stars Shine Bright 出現於一九八八年，Manifesteange Metamorphose Temps de Fille 出現於一九九三年。到了那個時候，蘿莉塔已經是確立的時尚次文化，而精緻的服裝需要投資大量的時間金錢。整套服裝——尤其是搭配 Vivienne Westwood 厚底綁帶芭蕾鞋——有可能隨隨便便就要價一千美元（約新台幣三萬元）。在時間上，唯有課後時光和週末才能沉迷於蘿莉塔裝扮，女孩們紛紛湧入大阪心齋橋附近或者臨時的步行大道——亦即東京表參道與竹下通封路而成的步行區。

假使蘿莉塔風格很膚淺，只是一時流行的話，那麼肯定無法在日本長久留存下來，甚至也無法拓展至海外，抓住全球愛好者的心。如今，亞洲與西方國家的蘿莉塔次文化也都蓬勃發展。不過，從顯見的時尚宣言來看，蘿莉塔演變成一種生活方式，精神、說話模式、格調、行為都自成一格。隨著蘿莉塔社群日益成長，洋裝本身亦邁向多樣化，分成好幾種類別，有：哥德蘿莉塔、龐克蘿莉塔、和風蘿莉塔、公主蘿莉塔、水手蘿莉塔等。有些類別顯然是混合兩者而成。舉例來說，鄉村蘿莉塔是甜美蘿莉塔與古典蘿莉塔結合而成，而兩者的區別在於一個是拿著草籃，一個是拿著提包、穿著格子洋裝。和風蘿莉塔是改良式和服緊身胸衣，搭配一般的鐘形裙，還有藝伎常穿的厚底木屐。蘿莉塔的風格組合有無數種變化。

二〇〇一年，《哥德與蘿莉塔聖經》（*The Gothic & Lolita Bible*）初次登場，此為季刊出版物，專門報導蘿莉塔的生活方式，但主要仍著眼於甜美蘿莉塔。此季刊是蘿莉塔時尚最可靠的資訊來源，有穩固蘿莉塔社群及確立風格標準之作用。出版者稱許了刊物內容的新奇之處與形式本身，它不太算是書籍，也不太算是雜誌，於是有了混合的名稱——情報誌（mook）。這本情報誌有個章節專門講述合適的說話禮儀，名為〈紳士淑女的哥德與蘿莉塔禮儀百科〉，介紹的是根據戰前模範女子而復興的理想化女性用語。蘿莉塔可學習運用禮貌、過時、結尾為 seu 的動詞變化，還有複雜細膩的敬語，以及女性專用的句尾。這本情報誌還有相片呈現出正確的姿勢、臉部表情、淑女的走路方式，並提供時尚建議、秉持 DIY 精神縫製的圖案，以及引領蘿莉塔潮流之人的訪談內容。

小說家嶽本野薔薇（生於一九六八年）就是數一數二的潮流人士，二〇〇八年美國發行的英文版《哥德與蘿莉塔聖經》也刊出了他的訪談。嶽本野薔薇出身於京都郊外的宇治製茶地區，著有《Soreinu：為了成為完美的少女》（*Soleilnuit: For Becoming a Proper Young Lady*）散文集，該書深獲好評，

就此聲名大噪。二〇〇二年出版的《下妻物語》小說廣受國際歡迎，兩年後推出電影，更讓他獲得推崇，書迷遍及全球各地。《下妻物語》的電影與小說讓嶽本野薔薇變成蘿莉塔生活方式的冠軍，最後還跟 Baby, The Stars Shine Bright 品牌合作，擁有自己的商標：Novala Takemoto POUR LOLITA。

嶽本野薔薇的《下妻物語》是成長故事，講述兩位分屬不同次文化的高中女孩的深刻友情。草莓是暴走族，她是女性重機幫派「馬尾幫」的成員；桃子是甜美蘿莉塔，儘管是生活在現代的日本，卻過著法國洛可可的生活方式。兩位女孩住在茨城縣下妻市，這個小鎮離東京不遠，坐兩小時左右的火車即可抵達，但在她們眼裡，東京遙不可及。她們都是意志堅強的獨行俠，有自己的一套價值觀，全心全意反抗主流文化的意識型態與期望，在奉行個人主義的少數派那裡獲得歸屬感。

二〇〇四年，嶽本野薔薇在《朝日新聞》的訪談中表示：「蘿莉塔是一種美學。我認為蘿莉塔就是兩種相互衝突的元素共同存在，卻不互相抵觸，比方說，某樣東西古怪卻又可愛……蘿莉塔之所以喜愛《愛麗絲夢遊仙境》，是因為仙境裡的混亂情況就很蘿莉塔。」早在《下妻物語》的第一章，蘿莉塔風的主角桃子清楚說明這種複雜的美學具備的幾項特色：

- 洛可可優雅卻品味壞，奢華卻離經叛道，只有在洛可可，我才能找到生命的意義。
- 在我眼裡，蘿莉塔不只是時尚而已，更是不可動搖、不容置疑的個人原則。
- 要是我不穿得這麼招搖奇怪，早就交朋友，有一堆男生追了。

由此可見，穿上這種華麗的服裝顯然不是為了變得甜美端莊，也不是為了成為別人欲望的對象，而是一種反抗的舉動。這種超女性化的服飾在穿衣者的周圍設下結界。蘿莉塔背後的美學有如乘著想像的飛行離開日本，躲在那種多半是由自己創造出的外國時空裡。其實，蘿莉塔時尚是把法國或英格蘭的風格給漫畫化，不是純粹的模仿而已。儘管如此，主角還是為洛可可時代辯護，說那些沉悶的歷史學家往往把洛可可時代當成是歷史上的瑕疵，才會貶低它，任其遭人遺忘。莊重陽剛的巴洛克時代「嚴肅」、「無聊」、「壓抑」，之後出現的洛可可卻是「幻想」、「華美」、「陰柔」。洛可可還是個男人應當陰柔的時代。

蘿莉塔風格有著洋娃娃般的外表形象，在日本國內外經常遭到誤解，以為就是女孩子試圖扮演天真單純的角色，藉此營造出誘人的魅力。日文的「蘿莉控」（意思是「蘿莉塔情結」）一詞是指男人對小女孩著迷不已，甚至還有蘿莉漫畫，用以滿足這類男人的幻想。（沒錯，就是會買女學生穿過的制服與內褲的那種男人。）蘿莉塔一詞源於弗拉基米爾・納博科夫（Vladimir Nabokov）的同名小說，現實中的蘿莉塔也多少有著類似的不幸遭遇，於是創造出另一個社會世界，展現端莊優雅的姿態。蘿莉塔也是一處夢想空間，可以大膽表現出真實自我，把自己稱為「公主」。

暗黑版的蘿莉塔則是表現在一九九〇年代晚期開始盛行的哥德蘿莉塔。哥德蘿莉塔的洋裝是優雅的黑色連身澎澎裙，展現出更為老練或甚至厭世的外表形象。哥德蘿莉塔風格的興盛來自於日本視覺系搖滾樂團 Malice Mizer（惡意與悲劇），男扮女裝的吉他手 Mana 向來以哥德蘿莉塔的風格現身，該風格的裝扮因而普遍起來，後來他還有自己的服飾品牌與店家：Moimême-

Moitié。無論是哥德風還是甜美風，這兩種相異的蘿莉塔風格都是積極營造出「公主」的生活方式。所謂的公主就是可以自由追求自己的興趣嗜好的人，以真實的自我活在迷人的生活裡。

要體會蘿莉塔塑造的那個世界，就必須回顧一九八〇年代至一九九〇年代正在轉型的日本社會。《日本女性：傳統形象與改變中的事實》（*The Japanese Woman: Traditional Image and Changing Reality*）作者兼心理學家嚴男壽美子表示，一九八〇年代中葉的女性開始談論自己與另一半之間的「認知鴻溝」。企業武士再也不是大家必定要達到的目標，如今重新評價，倒成了可憐的工作狂。一九九七年，日本的出生率降至新低（1.39%），平均結婚年齡不僅達到新高（男人是二十九歲，女人是二十七歲），更是工業國家平均結婚年齡最高者。越來越多的女性拋棄傳統社會為她們準備好的女性人生歷程，轉向國際領域，想找到自己適合的其他定位。在這個背景脈絡下，外國成了對抗性別刻板印象時運用的重要材料與象徵資源。女性研讀外國語言、去國外唸書、赴海外就職、在國際公司工作，都是女性刻板印象起了變化所致。

蘿莉塔也是轉向國外，只不過是以國外資源作為象徵符碼。蘿莉塔沒受什麼鄉愁之苦，她們只是希望回歸比較單純的維多利亞時代，或更華麗的洛可可時代。蘿莉塔並不是只追求可愛而已。蘿莉塔過度的言行舉止往往遭人揶揄，但她們其實是在想像的層次上，藉由時尚的象徵語言，處理女性選擇有限的問題。異國風的服裝等同於挑戰單調乏味的未來——當粉領族，負責準備公司茶水，無止盡列印文件。蘿莉塔用大膽的視覺對比，站在常態之外，批評常態。蘿莉塔所做的或許只是在拖延時間，但在該段過渡時期，蘿莉塔創造了一處空間，可以在那個想像中的日本，幻想自己可能成為的模樣。

實用資訊

京都

Baby, The Stars Shine Bright（甜美蘿莉塔）/h. Naoto（龐克蘿莉塔）
京都市中京區河原町通與四條通交叉口往北走 OPA 7 樓
電話：（075）255-8111
www.babyssb.co.jp www.hnaoto.com

大阪（美國村）

Metamorphose temps de fille（優雅哥德蘿莉塔，或稱 EGL）
542-0081 大阪府大阪市中央區南船場 13-18-4
電話：（06）4704-6400
www.metamorphose.gr.jp

Marble（哥德蘿莉塔）

542-0086 大阪府大阪市中央區西心齋橋 1-16-12 新美國廣場大樓 3F-B
電話：（06）6252-0607
http://marble.girly.jp

第19章 漫畫避風港

我是看著電視上的《原子小金剛》長大的，先是看原版黑白片，後來是彩色版，當時從沒想過頭髮翹翹的他並不是美國土生土長的機器人。多年以後，我在東京跟一名同齡的編輯相談甚歡，我們一九六三年竟然都在迷《原子小金剛》，當時他在東京，我在華盛頓特區的市郊。《原子小金剛》讓美國人初嚐日本動畫的滋味。大部分的動畫都是改編自熱門漫畫，《原子小金剛》的動畫也是改編自同名漫畫，漫畫從一九五二年開始刊登於《少年》漫畫雜誌，連載長達十七年。

《原子小金剛》創作者手塚治虫（一九二八年至一九八九年），即使不是唯一的日本漫畫之「父」，也堪稱偉大的先驅，他吸收多種美學流派，塑造出我們今日所知的表現手法。原子小金剛那雙如星星般的大眼睛，有一部分概念是來自寶塚歌劇團——全由女性組成的音樂劇團——主角的白晰臉龐。寶塚歌劇團的發源地是手塚治虫的家鄉，他小時候經常陪母親欣賞，終其一生都是寶塚迷。手塚治虫看了八十多次的《小鹿斑比》，早期也深受《貝蒂》影響。手塚治虫的父親常去電影院看電影，還在家中裝設家庭投影機，舉辦電影之夜，播放法國、德國、美國、日本的電影。這些經驗造就了手塚治虫的漫畫風格，他運用平移、拉近、推遠、斜角鏡頭等技巧，平面的紙頁猶如動了起來，在當時可說是十分新奇的電影技巧。

早在一九二〇年代，美國報紙上的漫畫就經常翻譯成日文，刊登於日本的報紙，喬治．麥克馬努斯（George McManus）的《教教爸爸》（Bringing Up Father）、巴德．費雪（Bud Fisher）的《馬特與傑夫》（Mutt and Jeff）、派特．蘇利文（Pat Sullivan）的《菲力貓》進入日本家庭。日本與西方（尤其是美國）的交流數十年持續不斷，憑著「誰從那裡學來」的原則來辨別雙方之不同，很容易就糾纏不清、徒勞無功[1]。

雖然漫畫多半可稱為大眾化的媒介，但是手塚治虫卻能跨越國家疆界的水平落差，還跨越了日本國內階級與教育機會的垂直落差，而後者更是他人

閉口不談的主題。我初次瞥見手塚治虫的獨創角色，是在大阪東部跟某位中年婦女聊天的時候，對方加入當地一家很有吸引力的佛教組織。她害羞地向我坦誠，手塚治虫的《佛陀》引領她最終加入目前的宗教社團，尋求更深刻的靈性探索。其實，她對佛教所知的一切，起初都來自於這部史詩級漫畫系列。《佛陀》從一九七二年連載至一九八三年，總共兩

1 Roland Kelts. *Japanamerica: How Japanese Pop Culture Has Invaded the U.S.* Palgrave MacMillan, NY, 2007.

千八百八十六頁，最終集結成十二本一套的漫畫。《佛陀》紙本漫畫書在日本的銷售量超過九百萬本。

東亞學者麥威廉斯（Mark Wheeler MacWilliams）注意到佛教經典與一般民眾之間的鴻溝，如此寫道：「佛教經典難以進入，不易閱讀，長度冗長，大部分的人無法觸及。」[2] 然而，手塚治虫成功讓佛陀的故事躍於紙上。長久以來，日本人一想到佛教，就想到獲利頗豐的殯葬產業，對佛教深感厭倦不已，手塚治虫讓現代的廣大閱眾有了活潑生動的靈性故事可讀。這部漫畫跨越了「大」傳統與「小」傳統之間的階級疆界，手塚治虫之所以能達到這番成就，是因為他採用說故事者的角度加以潤飾、拓展、創造，提升悉達多（即佛陀）人生故事的娛樂價值。

在手塚治虫漫畫角色仍穩居關鍵地位的現代漫畫產業建立之前，成千上萬名的戶外表演者——紙戲人（意指四處巡迴演出的說書人）——用迷你的行動劇院箱講故事，從一側推進圖卡，再從另一側拉出。傳奇的恐怖漫畫家水木茂早期先是替紙戲圖卡的出版社繪製圖卡，當時的平民百姓一貧如洗，負擔得起的娛樂寥寥無幾，這種戶外劇院正是平民享受得起的消遣。保羅．葛拉維

（Paul Gavett）在《日本漫畫六十年》一書中寫道，當時每天約有一萬名巡迴說書人在將近五百萬名觀眾面前表演。雖然紙戲的全盛期出現於戰後初期，但是遲至一九五三年，街頭仍可看見紙卡劇院。

隨著漫畫的進一步發展，原本繪製紙戲圖卡的藝術家（例如水木茂）轉往另一處逐漸成長的市場，也就是替新興的出租漫畫出版社創作故事。這類專業公司多半集中於大阪，專門製作限量的精裝書籍與雜誌，配銷給租書店。這類租書店稱為貸本屋，對漫畫造成的作用，有如今日 DVD 領域的 Netflix 或蔦屋書店。莎朗．金賽拉（Sharon Kinsella）在《成人漫畫》一書中寫道，一九五〇年代中期至晚期，這類租書店約有三萬家，火車站與街頭書報攤都可見其蹤影，一本書只要區區的十日元就能租兩天。這類出租漫畫就跟紙戲一樣，在當時是一般人負擔得起的少數娛樂。

大阪也成為紅書（akabon）的出版中心。當地出版社使用飽滿的紅色墨水

2 MacWilliams, Mark W. "Japanese Comic Books and Religion: Osamu Tezuka's Story of the Buddha," In *Japan Pop! Inside the World of Japanese Popular Culture*, ed. Timothy J. Craig, 109-137. M.E. Sharpe, Armonk, NY, 2000.

與廉價的紙張，印出這些口袋尺寸的漫畫書，然後不合常規地交由街頭小販或糖果店販售。手塚治虫的《新寶島》以紅書形式出版後，銷售量一飛沖天，紅書漫畫風靡關西地區。隨著紅書的歡迎度與日俱增，故事篇幅與價格也隨之攀升。一九五三年電視廣播登場，貸本屋與紅書步入黃昏。一九六〇年起，電視開始變成日本居家設備，前述出版物幾乎無力與電視競爭。

東京的兩大出版商講談社與小學館很有遠見，以每週播放一集的方式，打進電視與廣播。在這之前，漫畫多半是每月出版一期。講談社與小學館決定效法電視廣播做法，加快漫畫書的出版步調，同樣改成每週出版一次。兩家出版社都是在一九五九年推出每週一期的全新做法，加上讀者漸漸喜歡每週一期的快步調，龐大的工作量壓得漫畫家喘不過氣來。出版頻率更為密集，逼得知名漫畫家不得不雇用助手，經營工作室。手塚治虫離開關西，搬到東京，雇用了約十三名的漫畫助理。因此，漫畫的重心從關西移轉到東京。然而，電視與漫畫兩者並非競爭對手，反倒有相輔相成的成效。連載的漫畫故事可改編成電視動畫，動畫又有宣傳漫畫的作用，漫畫的銷量從而增加，也更為長銷。

漫畫的主題與類型五花八門，造就出各式各樣的出版物與小眾市場，種類多得令人眼花繚亂。漫畫的種類可大致分成四種：少年漫畫、少女漫畫、成人漫畫、淑女漫畫。漫畫在高成長期的次文化地位，加上少女漫畫這類漫畫的存在，促使女性開始在一九七〇年代初期以作者身分進入漫畫界，女性在主流媒體肯定會遭受阻力，漫畫界卻不會如此。在此之前，都是男人在替《好朋友》（Nakayoshi）或《少女俱樂部》（Shojo Club）的流行月刊，撰寫少女漫畫故事。手塚治虫的第一部漫畫《緞帶騎士》是以女性讀者為對象，分別在不同時期連載於前述兩本月刊。《緞帶騎士》描述一名女孩有兩個靈魂，一個是善鬥的騎士，一個是溫柔的公主。手塚治虫以這則故事向東京寶塚劇場致敬，他從小就很欽佩寶塚，在那裡，飾演王子的人都是些英氣颯爽的年輕女演員。

少女漫畫之所以具有莫大的魅力，是因為它讓平凡的日本女生擔當女主角。最後，女性漫畫家終於在少女漫畫這個類型佔有壓倒性的優勢。戰後初期的萩尾望都、池田理代子、大島弓子、竹宮惠子、山岸涼子，都是從手塚治虫的漫畫學習，卻能把少女漫畫帶到尚未涉足的領域。她們善於運用嶄新的拼貼式繪圖與特殊的表情圖案，營造氛圍與情緒。在MIXI、臉書等社群網路出現之前的時代，這類女性就有如第一批的部落客。她們經常在漫畫頁邊的空白處撰寫備註，談談自己的事，發表意見感受等，還鼓勵年輕讀者寄明信片，提出問題和意見。在這樣的互動下，漫畫家和讀者更為親近，培養出長久的關係。

以池田理代子的《凡爾賽玫瑰》為例，這部少女漫畫出版於一九七二年，一直廣讀者熱愛。這部歷史羅曼史長達一千七百頁，講述法國革命期間的這兩位女性：瑪麗皇后，從小嫁給儲君，但她愛的是瑞典的漢斯伯爵；歐思嘉，出身貴族，她父親冀望有個兒子卻都生女兒，便把她當成男孩教養。池田理代子的漫畫在日本的銷售量逾一千兩百萬本，還改編成電視版動畫、凡爾賽宮拍攝的真人電影、寶塚歌劇團的音樂劇。《凡爾賽玫瑰》也成了蘿莉塔文化的一大重心。

一九九〇年代，電腦遊戲、個人電腦、網際網路快速擴展，漫畫面臨全新的挑戰。漫畫的獲利率下降，漫畫產業邁向衰退。二〇〇〇年代，更有智慧型手機加入娛樂裝置的行列，千萬通勤族在長途地鐵的主要消遣原本是看漫畫，此時漫畫地位岌岌可危。經濟持續衰退，二十四小時營業的漫畫咖啡店（漫畫喫茶店）開始在日本各地如雨後春筍般冒出。漫畫咖啡店是多功能的設施，集圖書館、網路咖啡店、膠囊旅館於一身，可說是喫茶店文化的延伸。漫畫咖啡店的首要目的顯然是作為漫畫迷的圖書館，一排排高聳的書架收藏了數百萬冊的紙本漫畫。漫畫咖啡店以時數計費，客戶可拿到一杯便宜的飲料，坐著閱讀，店裡還有販賣機、連網的電腦，甚至還有幾個商務小隔間，備有專用的椅子和拖鞋。有些漫畫咖啡店甚至只要額外付費就可沖澡，還可租毛巾，錯過末班地鐵的民眾也有福了，特別的過夜隔間一晚只要十五美元（約新台幣四百五十元）。廁所通常設有高科技的免治馬桶。漫畫咖啡店的數量在經濟衰退時期激增。有些漫畫咖啡店需要辦會員卡，各大城市皆有連鎖店的 Popeye 連鎖網咖則是開放給所有人使用。

漫畫的次文化地位原本低下，逐漸變得酷炫，如今成為官方政府的大眾文化外交管道，還有學術界進行研究。二〇〇〇年，京都精華大學率先創設日本第一個漫畫與漫畫藝術學系。二〇〇六年，京都精華大學與京都市政府合作，設立漫畫美術館，這個研究機構與場所專門收藏、保存、展示漫畫與動畫。漫畫美術館裡的圖書館共有三層樓，館藏出版物逾五萬冊，有一區收藏了翻成十三種語言的日本漫畫，還有一區是來自亞洲與歐洲國家的國際漫畫。二樓是漫畫與動畫歷史常設展，說明牌有英文和日文。京都精華大學開設漫畫研究所學程兩年後，在二〇一二年推出漫畫研究博士學程。攻讀學程的學生學習的是長篇故事線，不是報紙上的短篇漫畫，他們將來會成為漫畫家、漫畫的製作人或出版人、漫畫領域研究學者等。

漫畫經過主流化及推廣之後，已成為具全球影響力的日本國產文化產品。如果前文尚不足以強調這點，那麼二〇〇三年原子小金剛這個虛構角色榮獲東京市郊的埼玉縣新座市頒發合法居民身分，就足以證明了。官方文件把御茶水博士（原子小金剛的養父）列為戶長，手塚製作公司列為戶籍地址。沒有什麼藝術比這個還要更貼近生活。

實用資訊

手塚治虫紀念館
665-0844 兵庫縣寶塚市武庫川町 7-65
電話：(0797) 81-2970
www.city.takarazuka.hyogo.jp/tezuka

水木茂紀念館

684-0025 鳥取縣境港市本町 5 番地

電話：（0859）42-2171

http://mizuki.sakaiminato.net

京都國際漫畫博物館

604-0846 京都市中京區烏丸通與御池通交叉口往北走的金吹町 452

電話：（075）254-7414

www.kyotomm.jp/english

Popeye 網咖

604-8005 京都市中京區河原町通與三條通交叉口往北走的惠比須町 42-6（B1）

電話：（075）253-5300

www.mediacafe.jp/

漫畫研究所

京都精華大學國際事務處

606-8588 京都市左京區岩倉木野町 137
電話：（075）702-5199
www.kyoto-seika.ac.jp/eng/edu/graduate/*manga*/

參考資料

Paul Gravett. *Manga: Sixty Years of Japanese Comics*. HarperCollins. NY, 2004.

Sharon Kinsella. *Adult Manga: Culture & Power in Contemporary Japanese Society*. Routledge Curzon. London/NY, 2000.

Helen McCarthy. *The Art of Osamu Tezuka: God of Manga*. Abrams ComicArts, NY, 2009.

第20章 動畫的多次元發展

宮崎駿的動畫風格光明又抒情，今敏的動畫風格黑暗又古怪。今敏的動畫專門探討富裕的後工業日本的焦慮人生，兼具奇幻屋、心理驚悚片、社論之作用。在《東京教父》一片中，無家可歸者棲身於首都奢華的摩天大樓的陰暗邊緣處，用防雨帆布與紙箱蓋成搖晃欲倒的簡陋住處；在《妄想代理人》，青少年的暴力以標新立異的形式展現，穿著溜冰鞋的男孩用球棒襲擊受害者，網路自殺俱樂部聚集了想死的陌生人。今敏的作品也兼具文化與歷史回音室的作用。在《千年女優》中，傳奇影星退出影壇，帶領觀眾一窺現代日本的興起及其殖民遺緒，同時也呈現知名女演員的心靈生活（部分靈感來自因《東京物語》而成名的原節子），她在感情上終生追尋著十幾歲時遇到的一位陌生人，最後卻發現他早就死了。在《藍色恐懼》中，紅極一時的偶像少女出現了第二個自我，這個邪惡的自我回過頭來摧毀了她們。前述的動畫電影藉由回憶的侵入，把現在與過去揉在一起，意識與潛意識混合成宏大的蒙太奇影像，打破了線性的時間感，這種混亂、詰問、有趣的手法，模糊了真實與虛幻的界線。

二〇一〇年，四十六歲的今敏英年早逝，留下了他最大的一件成就——《盜夢偵探》的主角紅辣椒。這位夢境偵探深入他者夢境而後存活下來，猶如在讚頌人類有可能修復心理裂痕並重建內心的整體性。作風辛辣的主角甚至不是「實際存在的」角色，而是精神科醫師兼夢境治療專家的第二個自我。在這場複雜難解的科幻冒險中，今敏讓想像出來的對應人物成為獲勝的角色，暗示著幻想有其必要，或許也是讓人長久保持理性的唯一之道。在安德魯．奥斯蒙（Andrew Osmond）所著之《幻術師今敏》（*Satoshi Kon The Illusionist*），今敏在書中訪談如此表示：「為了活在現實之中，人必須留有幻想的空間。幻想的形式可以是神話、民間傳說、樂曲、小說、電影，就連宗教也算是一種幻想。人類就是需要這些希望與夢想。」[1]

從今敏的立場就可清楚得知，日本有大量的城市空間是專供想像世界使用。電影院四處可見，日本的城市景觀佈滿了外觀為庸俗城堡的賓館，主題式的餐廳與咖啡館更是大家司空見慣的場所。在京都忍者主題餐廳（Ninja Kyoto），服務生穿著忍者服，引領用餐者走入迷宮殿，進入隱蔽的私人包廂用餐。位於東京的監獄醫院（Alcatraz E.R.）則是以病監為主題的餐廳，女服務生打扮成護理師的模樣，服務「病患」，而病患的餐桌分別擺放在獨立的牢房裡。愛麗絲夢遊仙境則是家庭餐廳，有如出自附近的東京迪士尼樂園，店內的女服務生穿著女性化的維多利亞時代連衣裙與圍裙。還有一些女僕咖啡廳，侍者打扮成法國幫傭，在「男主人」與「女主人」一踏入咖啡廳就歡迎他們回家。修女咖啡館，內部裝潢仿製大教堂，女服務生穿著修女服。男管家咖啡館，服務生的談吐與衣著都跟古時候一樣正式。甚至還有妹妹咖啡館，侍者穿著學校制服，向客戶詢問意見，假裝……嗯……是你妹妹。

　　無論是基於純粹的樂趣，還是如今敏所言，幻想有其必要，總之日本人就是如此善於暫時放下心中疑慮，享受其中。我聽到高下太一於二〇〇八年十月二十二日在日本連署網上提出的連署，心裡並不是很訝異。高下太一是

1　Osmond, Andrew. *Satoshi Kon The Illusionist.* Stone Bridge Press, Berkeley, CA, 2009 (p. 22).

狂熱的動畫迷，或稱御宅族（otaku）。他向日本政府請願，希望二次元人物的通婚獲得法律授權。根據伊安．康德理（Ian Condry）在《重塑日本男人》（*Recreating Japanese Men*）一書中的報告，一週內有一千人表達支持，兩個月內又有三千人表達心聲。高下太一的提案並不是抽象的哲學提案，他聲稱自己愛上了朝比奈實玖瑠。這位可愛、嬌小、胸大的女孩，穿越時空，來自未來，高下太一是在提案的兩年前放映的《涼宮春日的憂鬱》動畫中遇見她的，不過該動畫故事是根據谷川流二〇〇五年起發行的輕小說（介於漫畫與文學之間的故事類型）系列。無論是在網路上還是現實中，無論是在學術界還是咖啡館，高下太一的提案都令人詫異不已，也引起熱烈討論，但是日本的婚姻法依舊維持不變。

雖說如此，高下太一對二次元的追尋與熱情，並不是孤身一人。本田透（筆名）在二〇〇五年出版的《電波男》（*Denpa Otoko*）一書，運用反中產階級的弦外之音，倡導二次元的生活方式。本田透寫道，「戀愛革命」的用意是要挑戰「戀愛＝3D世界」的常理。其實，在本田透提出的文明技術體制裡，不選二次元的人基本上都是些嚴守傳統、不求進步的盧德份子。正如VCR必然讓步給DVD，類比必然讓步給數位，喜愛真實女人的類比世界最終也必然會讓步給角色的數位世界。如果說戀愛與浪漫在二十世紀晚期變成了大眾娛樂產業支持的商品，那麼二次元的戀愛就是用來對抗二十一世紀仍長存的戀愛與浪漫。

二次元戀愛的表現形式可見於他處，更成為目前的御宅族次文化不可或缺的一環。動漫抱枕就是御宅族想要的另一個二次元戀愛對象。在這類價格高昂、真人大小的抱枕上面，印著流行偶像或動畫女孩的圖像。根據片山理莎在《紐約時報》所寫的報導[2]，三十七歲的「哥哥」到哪都帶著動漫枕，不時就在言談中提到它，確切來說，是把抱枕上的二次元動漫人物「音夢」稱作是女朋友。身穿比基尼、頭髮綁著緞帶的音夢，出自於限制級電腦遊戲《初音島》，她是主角的妹妹。人類與動漫抱枕的關係不該跟《充氣娃娃之戀》（二〇〇七年）的戲劇化情境混淆在一起，畢竟片中男主角深信（起碼是暫時深信）充氣娃娃是真實的女人。擁有抱枕女友的男子則非常清楚音夢不是「真實的」，即便

2　Katayama, Lisa. "Love in 2-D," *New York Times Magazine*. July 21, 2009. www.nytimes.com/2009/07/26/magazine/26FOB-2DLove-t.html?pagewanted=all&_r=0. Retrieved December 30, 2012.

如此，還是聲稱自己有權愛她並視她為女友。男子與音夢一起出門，在餐廳一起用餐，他總是讓音夢抱枕呈直立狀態，有如站立之人。

次文化的男女跟虛構角色建立真實的關係，這種現象是日本當代御宅族次文化的一部分，是沉迷動畫、漫畫、電玩所造成的現象。御宅族一詞在日文中即指「你的房子」或「你的家庭」，基本上就是代名詞「你」的非人稱正式用法。也就是說，以御宅族相稱的人們，他們的人際關係是建立在彼此的嗜好與興趣的資訊交換上，不是建立在彼此的私人生活上。

Gainax 動漫工作室共同創辦人兼公共知識份子岡田斗司夫表示：「御宅族比一般還要人聰明，只是他們選擇把心智能力投注於幼稚的嗜好上。其實就是『不』放棄小時候沉迷的東西罷了，而且也不幼稚。御宅族不是輸家，也不是只能理解幼稚的東西。御宅族也能理解純藝術這類的精緻文化，儘管如此，還是堅持動畫和漫畫更好。」[3] 岡田斗司夫認為自己是御宅族，在他眼裡，真正的御宅族幾乎已在日本絕跡，因為現在已經不再有分享的文化，只不過是一堆孤立的個體追求個人興趣罷了。

動漫角色及其衍生出的美學，愈發從影片、紙頁、遊戲機外溢出去。動畫的作用有如會面的地方或「場所」，是人最初接觸角色之處，然後人與角色的關係會以其他形式持續下去。人與角色的情感連結會隨著經驗的多樣化而獲得增強，比如說：看漫畫或輕小說，在互動式電玩遊戲、電視系列、長篇動畫、角色商品（例如扭蛋機裡販售的人物模型）跟同一個角色再次相遇。諸如Mixi（日本最大的社群網站）的社群網站，以及Nico Nico Douga、YouTube等大受歡迎的影片分享網站，都打造出線上場所供御宅族相遇、傳輸影片、張貼意見，御宅族跟二次元角色的經歷與關係都因此獲得增強。

Vocaloid軟體的初音未來，就是以這種方式爬上明星地位，她的臉書粉絲專頁現有超過八十三萬名的粉絲。初音未來是日本流行偶像，也是虛構的角色，只是沒有漫畫與動畫。山葉公司開發出Vocaloid語音合成軟體，使用者只要在電腦上輸入歌詞並選擇旋律，就能製作歌聲。第三方開發商克里普敦未來媒體（Crypton Future Media）隨後打造出虛擬偶像初音未來，讓合成的聲音有了具體的形象，並隨附於該套軟體。初音未來是動畫美學的縮影，眼

3 Galbraith, Patrick W. *The Otaku Encyclopedia: An Insider's Guide to the Subculture of Cool Japan.* Kodansha International, Tokyo, 2009 (p. 176).

睛圓又大，如瀑布般、長度至腳踝的藍綠色頭髮綁成雙馬尾，身材纖細，胸部碩大。二〇〇七年，克里普敦發行 Vocaloid 軟體，以「盒中女孩」作為行銷口號。

在至今所有的 Vocaloid 產品當中，初音是最受歡迎的，她的聲音成了該項技術的同義詞。軟體使用者利用初音的聲音，在 Nico Nico Douga 張貼自己的創作歌曲，初音也因此越來越受歡迎。使用者的分享帶動了音樂革命，大家想要獲得更宏大的體驗——「現場」表演。此後，初音以 3D 立體全像式投影的形式，現身於日本的體育場，舉辦多場演唱會。二〇〇九年，初音前往美國與新加坡巡迴，成為全球第一個虛擬流行偶像。

人們對動畫角色的熱愛，不一定會永遠停留在二次元。Bome 早期曾與藝術家村上隆（「超扁平」風格的先驅）合作，如今是日本知名模型師。目前 Bome 任職於大阪海洋堂公司的工作室，該公司的未塗裝模型、怪物、動漫人物模型皆是廣為人知。Bome 作風低調，他原可輕鬆成為單打獨鬥的藝術家，卻選擇成為工匠，不做藝術家。他擅長以 3D 立體技術，呈現漫畫與動畫裡的二次元美少女角色。Bome 製作的人物模型跟村上隆的作品一起在世界各地的藝術空間展出。滋賀縣琵琶湖附近的海洋堂模型博物館，人物模型的館藏量可說是世界名列前茅，立體透視模型約有兩百個，人物模型成千上萬個。各種類型的主要模型師在館內都有自己的展覽空間，例如：山口勝久的機甲（mecha，即「巨型機器人」）與動畫，香川雅彥的經典動畫，當然還有Bome的動漫美少女。

由於動畫以及其他種類的日本流行文化大受歡迎，因此二〇〇六年日本外交部推出Cool Japan（酷日本）措施，鼓勵日本商界跟外交官共同合作，推廣日本的動畫、漫畫、流行樂、時尚等大眾文化。日本海外的大使館、領事館、日本貿易振興機構（JETRO）辦事處，開始透過漫畫競賽、日本流行樂演唱會、動畫甄選等方式，推廣日本「軟實力」。二〇〇八年，日本外交部任命藤子不二雄的動畫角色哆啦A夢（一九六九年起的知名文化人物）擔任日本動畫大使。這隻來自二十二世紀的機器貓之所以深受喜愛，一是因為他灌輸的傳統價值觀，二是因為他那些年來從「四次元口袋」裡拿出的成千上萬種小道具。二〇〇九年，日本外交部任命三名女模擔任「可愛大使」，以時尚形象現身，分別是穿制服的女學生、蘿莉塔、原宿少女。此舉稱得上是人生模仿藝術，或者說，藝術與人生的界線模糊不清。

喜愛並模仿動畫角色，踏上朝聖之旅向動畫角色致敬，兩者間的差別只不過是一步之遙。不久，聖地巡禮（即「尋訪聖地」）成為推廣措施的其中一個環節。在動畫的脈絡下，朝聖有雙重的含意。第一個含意是指御宅族文化的五個朝聖地：東京的秋葉原、中野百老匯、乙女大道，大阪的日本橋，名古屋的大須。整個街區盡是酒館與商場，以 Mandarake 為例，庫存的二手貨品項超過一百萬，有動畫、電玩、玩具、同人誌（即業餘人士創作的漫畫）等。朝聖的第二個含意是指尋訪特定動畫描繪的場景。在《涼宮春日的憂鬱》動畫迷的眼裡，兵庫縣西宮市就是朝聖地。在《美少女戰士》系列動畫迷的眼裡，冰川神社是朝聖者的必訪景點，動漫迷可將祈願木牌獻給動畫裡的魔法少女角色。

《讀賣新聞》專欄作家櫻井孝昌積極參與國際活動的「流行文化外交」。在莫斯科舉辦的日本流行文化祭，櫻井孝昌曾經談到動畫朝聖者，說他們探訪的不是傳統的「聖地」，而是受歡迎的動畫系列所描繪的地點。櫻井孝昌出示一些實際地點的相片，是《新世紀福音戰士》與《涼宮春日》動畫描繪過的地方。至於他第二度的涼宮春日朝聖巡禮，他如此寫道：「親自探訪動畫系列描繪的實際地點，彷彿站在二次元世界與三次元世界的交叉口。我認為這就是動漫朝聖的魅力所在。」[4]

就連「祭」（通常是指神道的祭典）這個字都有所演變，在御宅族次文化有了新的意義。「祭」再也不是傳統的、國內的、鄰里的神社祭典，再也不是週期性的農業慶典；如今的「祭」可用來指稱動漫迷聚集的御宅族活動，例如為期三天的東京Comiket，一年舉辦兩次，參觀人數超過五十萬人。日本的本土宗教神道是採萬物泛靈論，日本人會傾向認為無生命的世界其實是天生就有生命力，但唯有積極運用想像力，才能像今日這樣，跟二次元與三次元不存在的人物建立情感連結，而其所引發的熱情與生活方式，才能吸引歐亞各地甚至遠至美國巴爾的摩的愛好人士舉辦類似的活動。

4 Sakurai Takamasa. "Looking East/Making the Otaku Pilgrimage," *The Daily Yomiuri*. May 13, 2011. http://www.yomiuri.co.jp/dy/features/arts/T110506004050.htm Retrieved January 1, 2013.

實用資訊

海洋堂模型博物館

526-0059 滋賀縣長濱市元濱町 13-31

電話：(0749) 68-1680

www.ryuyukan.net

Mandarake Grand Chaos

542-0086 大阪府大阪市中央區西心齋橋 2-9-22

電話：(06) 6212-0771

www.mandarake.co.jp/shop/index_gcs.html

Mandarake

530-0027 大阪府大阪市北區堂山町 9-28

電話：(06) 6363-7777

www.mandarake.co.jp/shop/index_osk.html

大阪 Joshin（上新電機）鋼彈專賣店

556-0005 大阪府大阪市浪速區日本橋 4-10-1

電話：（06）6648-1411

www.joshin.co.jp

參考資料

Condry, Ian. "Love Revolution: Anime, Masculinity, and the Future," *Recreating Japanese Men*. Eds, Sabine Fruhstuck and Anne Walthall. University of California Press, Berkeley, CA, 2011 (pp. 262-283).

Ikuda Yuka. "The Return of the DTM Boom! The Anonymous Talent 'Hatsune Miku'" 1/2 (DTM Buumu Sairai!? Hatsune Mikuga "Horiokosu" Nanashi Miku' *IT Media News*. Sept. 28, 2007. www.itmedia.co.jp/news/articles/0709/28/news066.html Retrieved December 30, 2012.

Miller, Laura. "Cute Masquerade and the Pimping of Japan," *International Journal of Japanese Sociology*. No. 20, Nov. 2011.Murakami Takashi. *Little Boy: The Arts of Japan's Exploding Subculture*. Yale University Press, New Haven, CT, 2005.

第21章 Cosplay：穿出另一個自己

Cosplay是動漫迷參與的一門表演藝術，好讓自己貼近動畫、漫畫或電玩裡的角色，比如扮成宮崎駿歷史奇幻電影《魔法公主》（一九九七年）那個住在狼群裡的女孩「小桑」。要裝扮成小桑，再現她的模樣，必須對這個角色有精確細膩的了解，這樣才能模仿她的習性、身體語言，還有她那獨特的打扮，她總是披著毛皮斗篷，戴著連帽式半罩面具，掛著犬齒項鍊。任何一種角色都很適合成人扮演，不過Cosplay玩家通常會裝扮成自己認同的角色，或者適合展現創造力的角色，或者有意識或下意識想成為的榜樣。

Cosplay是costume（服裝）與play（扮演）這兩個字的結合，play一字更呈現出台下有如狂歡嘉年華會般的角色扮演活動所蘊含之精神。這類活動的舉辦地點通常是大型動漫展、俱樂部或指定的城市街道，Cosplay玩家的樂趣多半來自於動畫同好的聚會，他們化身成自己最愛的角色，很有可能還會認出你扮演的角色。除了認出角色所帶來的驚喜外，Cosplay還打造出安全的「空間」，玩家可以把日常的自我暫時擱在一邊，用自己扮演的虛構角色，跟其他角色一起互動。在日本，這種憑藉想像力用另一個自我間接溝通之方法，符合御宅族的基本特質，也就是說，個人生活經過昇華，有利於在共同的興趣與嗜好上進行熱情的社交。

Cosplay代表動漫迷在性質上有所轉變，他們從消極的文化消費者角色（觀看動畫）變成製作人的角色（Cosplay扮裝）。動漫迷深信不疑，於是觀看動畫引發第二層現象，亦即藉助具體扮裝的能力，展現玩家對角色的理解。Cosplay玩家多半會自行製作服裝，至於部分的常見配件，例如綠色、藍色的假髮，或彩瞳隱形眼鏡，可另行向大阪CosPatio Geestore這類專賣店購買。然而，接受服裝製作帶來的挑戰，是Cosplay完形的必備環節。通常是指個人投入於各種工藝，例如金工、縫紉、皮革加工、製模，甚至是電路配置。終歸來說，服裝不只是物件而已，更是成就的象徵，並且實質證明自己學到新技能。若打造的是武器、盔甲，或機甲（例如鐵人28號），更是技能的充分展現。

有些人不只是對 Cosplay 玩家的嗜好沒興趣，還會主動嘲笑玩家沉迷於昂貴又耗勞力的消遣，說玩家最終做出的動畫角色服裝只是曇花一現，而玩家對他人這般對待已經習以為常。在許多 Cosplay 玩家的眼裡，服裝的製作過程與公共空間的展示也需要團隊的合作，大家共同創造同一部動畫的角色群，或者相互交流技能。這整個過程可提升自尊，Cosplay 玩家亦可聯繫感情。唯有共享嗜好的人，才能真正珍惜別人在服裝上付出的心力。

有些玩家的樂趣來自於暫時扮演知名人物，享受給別人拍照的感覺。這類有代表性的相片會張貼在社群網站，而這種分享行為使得 Cosplay 從日本人的嗜好變成了全球各地的次文化，日本也穩坐 Cosplay 第一聖地的寶座。狂熱的動漫迷會在動漫展上聚會，並在社群網站上溝通交流。日本最大 Cosplay 網站 Cure 還製作角色索引，分類的依據是角色現身的電視、遊戲、漫畫、動畫或小說，或者個別的 Cosplay 玩家，而玩家會依自己扮演的各種角色，整理相片庫。玩家可以藉由 Cosplay 雜誌更自在地交換想法。日本的《電擊 Layers》與《Cosmode》雜誌很受歡迎，但只有《Cosmode》有線上英文版。英文雜誌《CosplayGen》有紙本與線上版，把 Cosplay 玩家、Cosplay 活動、日式時尚推上國際舞台。《CosplayGen》刊載世界各地 Cosplay 玩家提供的訣竅，例如翅膀、刺蝟頭的製作方式，甚至是電鋸的使用技巧。

一九八四年，高橋信之在《My Anime》雜誌所寫的文章，率先提出「cosplay」一詞，用來描述洛杉磯的世界科幻年會上，那些全心投入、奇裝異服的科幻迷。雖然高橋信之描述的是特定的一種科幻迷，但是談到文化回憶的特意重現，喬裝與裝扮絕非新把戲。美國的創意復古協會（Society of Creative Anachronism）投入真人實景的角色扮演，但該協會再現的是歷史時期，不是角色。他們模仿中世紀與文藝復興時期，有盔甲士兵的戰鬥、騎士的馬術技藝、弓箭手的箭藝，以此自娛，訪客也樂在其中。他們幻想中的世界分成十九個王國，營造出輕鬆愉快的團隊氛圍。有些團體則是致力於美國內戰的再現，他們穿著當時的服裝，重訪關鍵的歷史時代與事件（例如戰役）。然而，就前述兩個案例而言，化身成特定的角色並不是重點所在。

日本有自己的歷史重建版本。三重縣伊賀市是傳說的忍者故鄉，每年吸引數萬人參加忍者祭。忍者祭從四月一日開始，最長持續五週。雖然當今的日本再也沒有真正的忍者，但是十五世紀到十七世紀期間，忍者十分盛行。忍者祭期間，伊賀街頭有一堆人扮成忍者。京都市郊的東映太秦映畫村是時代劇電影工作室，每年都會舉辦太秦戰國祭。太秦戰國祭致意的人物是仙石秀久（一五五二年至一六一四年），這位武將曾經慘敗，之後彌補過錯。宮下英樹參考仙石秀久的人生，繪製《戰國》漫畫，首期出版於二〇〇四年，隨即一炮而紅。這樣多少可讓人明白再現與 Cosplay 兩者的差別。Cosplay 所依據的是動畫與漫畫這兩門生活藝術。即使動畫與漫畫是以仙石秀久這類歷史人物作為原型，卻會不斷創造新的角色群。Cosplay 仰賴的是角色的具體特質，不是類型的重現。

專門研究漫畫與 Cosplay 的心理學家羅賓・羅森堡（Robin Rosenberg）曾在自己的著作《蝙蝠俠怎麼了？》（*What's The Matter With Batman?*，二〇一〇年），討論人們可從超級英雄的傳記中學到哪些教訓。布魯斯・韋恩小時候受到創傷，因而變成蝙蝠俠；東尼・史塔克遭受人身攻擊，因而變成鋼鐵人。在《太平洋標準》（*Pacific Standard*）雜誌的訪談中，羅森堡如此評論：「變成不消極的人，是大多數 Cosplay 玩家的目標……如果一個人裝扮成蝙蝠俠，就能脫離『害羞的自我』，那麼在工作面試的時候，就有可能抱持同樣的信心。」

雖然 Cosplay 玩家會在公園、夜店、咖啡館、遊樂園聚會，但是吸引力最強大的地點莫過於冬季與夏季舉辦的東京 Comiket。這場盛會主要是同人誌的集市，同人誌是背德類型的動漫迷雜誌，會把知名的角色安排在不常見的情境。然而，在鐵桿粉絲的眼裡，Cosplay從有趣、自我探索、技能習得的領域，變成運動競技場。二〇〇三年起在名古屋舉辦的世界 Cosplay 高峰會（World Cosplay Summit，簡稱 WCS），對 Cosplay 玩家而言猶如國際賽事，服裝必須手工製作，角色只能來自日本動畫。二〇一二年有二十國的參賽者相互角逐，或許再過不久，Cosplay 就再也不適合以「次文化」稱之。

實用資訊

京都 Cosplay 酒吧（**變身酒吧**）

Bar Ichijo（一條酒吧）

朝日會館 Foagura shitsu 2 樓（東南）

604-8005 京都市中京區河原町通與三條通往北走的惠比壽町 534-34http://barichijo.web.fc2.com/

太秦戰國祭

京都東映太秦映畫村

616-8586 京都市右京區太秦蜂岡町 10

電話：（075）864-7716

www.toei-eigamura.com/?c=2

CosPatio Geestore 大阪店

542-0075 大阪府大阪市中央區難波千日前 7-7

電話：06-6630-7655

www.cospa.com/special/shoplist/list/osaka.html

伊賀上野忍者祭

伊賀市政府

518-8501 三重縣伊賀市上野丸之內 116

電話：（0595）22-9611
www.city.iga.lg.jp

參考資料

Ackerman, Spencer. "Comic Con on the Couch: Analyzing Super- heroes," *Pacific Standard*. May 3, 2012. www.psmag.com/culture/comic-on-th-couch-psychoanalyzing-superheroes-40550/. Retrieved 1/9/13.

第六篇
宗教

第22章 小寺

京都坐擁一千六百多家佛寺，當中十一家已登錄為 UNESCO 世界遺產地，由此可見，京都可說是香客與旅客的聖地。然而，銀閣寺、金閣寺等必訪的知名寺院，卻讓京都城裡的小珍寶幾乎不為大眾所知。京都坐擁成百上千家的小寺，既未達佛教美術館的等級，也不收門票費，卻是仍有香火的寺院。香火鼎盛的小寺，在鄰里社群生活中猶如活躍的中樞。讓小寺香火得以延續下去的，除了祭祀祖先、葬禮、開導施主、佈施戶聚會外，有些小寺還會積極參與城裡的市民活動與當代藝術生活。

以法然院為例，寺名源於法然上人（一一三三年至一二一二年）。橫跨京都府與滋賀縣的比叡山中古佛教偏重於苦行，但法然反其道而行，讓佛教變得平易近人，適合平民所用。法然院的所在地點是法然上人及弟子安樂與住蓮設立阿彌陀佛如來座像之處，他們每天都在座像前面作日課。二十世紀初期，法然院成為家族經營的寺院；二戰後，法然院成為獨立的宗教公司，有別於源頭的淨土宗。

幾年前，法然院在近處設立森林之友中心(Mori no Senta)，致力於自然的研究與保育。該中心的客座講者講授的題目五花八門，有蕈菇行為、獵熊等。該中心位於京都左京區的山區，還提供有嚮導的自然健行之旅，旅客可爬上高達四百六十六公尺的大文字山。夏季送火祭步入尾聲之際，可看見山坡上的「大」字。日本人認為火光會引導祖先回到靈界。那裡有寬廣的路徑沿山而上(也是慢跑者的最愛路線)，可俯瞰壯麗的京都風光。還有舒適宜人的空地，擺了幾張原木長凳，旅客可在此休憩，再下山。法然院的藝廊位於講堂，每週舉辦展覽，主廳一整年舉辦的音樂會多達數十場。

這類活動或有打擾佛家清靜之感，但院內隨季節變換的白砂壇，仍保有引人親近的靜謐氛圍，連小說家谷崎潤一郎(一八八六年至一九六五年)也深受感動。谷崎潤一郎的遺願是葬在法然院，他的墓地就在法然院的公墓裡。法然院的成功有兩大因素：一是博學多聞的法然院住持梶田真章，二是眾位施主。

梶田真章結合佛教、環保、藝術，編織成宏大的願景，吸引信眾。

從法然院走十分鐘的路，即可抵達安樂寺。安樂寺也是家族經營、仍有香火的寺院，曾有一段引人注目的悲慘過去。法然上人興建安樂寺是為了悼念安樂與住蓮兩位弟子，他們促成法然上人提出的眾生解脫之道久傳不衰。後鳥羽天皇（一一八〇年至一二三九年）皇宮內的兩名女官松蟲與鈴蟲，聽了安樂與住蓮的開化，離開宮中，削髮成尼，這四人的謠言喧囂塵上，觸怒天皇，法然上人遭到流放，兩位弟子處以斬首之刑，松蟲與鈴

蟲相偕自殺身亡。這四人的墓地離「椛」(Momiji)咖啡館不遠，椛是安樂寺在二〇一〇年開設的餐廳與活動場所，有魅力十足的佛朗明哥舞表演。

安樂寺由第三十三代住持伊藤正順主持，不但會在附近的「櫻谷町47」藝廊舉辦展覽，也跟非營利組織在促進社會正義的計畫上有密切的合作。每個月二十五日，安樂寺會舉辦市集，販售當地種植的蔬菜，亦稱「京野菜」。

安樂寺與法然院皆座落於哲學之道旁。哲學之道是全長一點八公里的步道，林蔭夾道，沿琵琶湖運河鋪設，北起銀閣寺，南至南禪寺。旅人可在露台咖啡館(Café Terrazza)稍事休息，享用點心。該家咖啡館位於安樂寺與法然院之間，在琵琶湖運河的山腰上。有遮蔭的涼廊座位，又對狗狗友善，所以生意很好。天氣轉為涼爽之時，隔壁的「喜さ起(Kisaki)」湯豆腐餐廳供應豐盛的餐點，桌上有日式火鍋專用爐，火鍋裡有蔬菜，加上肉類或豆腐，湯頭濃郁。

不是所有小寺都像法然院、安樂寺那樣簡單就興盛起來。四十年前，榊原胖夫在父親去世後，即接手管理家族在京都西陣區經營的淨土宗寺院。當時榊原胖夫在教會經營的同志社大學，擔任全職的經濟學教授，但他覺得自己身為寺院之子，不該背棄自家寺院的一百戶信眾。

隨著時間的推移，該間寺院的許多信眾都搬走了，有的搬到京都郊區，甚至遠至大阪、東京。在寺院裡光當和尚是沒辦法謀生的，榊原胖夫的父親身兼多職，集清潔夫、園丁、修理工、和尚於一身，才得以存活下來。然而，到了榊原胖夫這一代，他不得不雇用幾位員工扛起前述職務，他只負責繼續扛起父親的宗教責任。此外，他仍舊在大學擔任終身教授。

夏季，榊原胖夫前去施主的家中拜訪，在施主的佛壇祖先牌位前念經。他一年要主持六場至八場的葬禮。他說：「那種情況就像是兩種宗教交互補貼，我在教會的大學工作賺錢，撐起佛寺的經營。」榊原胖夫擔任兩份全職工作長達二十五年，身心俱疲，但他膝下無子，女兒對寺院沒興趣，也不想跟和尚結婚。後來，榊原胖夫終於找到家族外的人來繼承寺院，他訓練對方，然後從寺院退休。

京都的大型寺院沒有施主，經營方式如同大型公司，淨土宗總本山知恩院即是一例。在知恩院工作的一百五十名和尚是領寺院的薪水，領薪資的和尚多半在他處都有自己的小寺，但光憑施主的佈施尚不足以存活下來，只好把知恩院發的薪資拿來補貼自家的小寺，好比榊原胖夫用大學薪資來維續自家寺院的經營。

京都的大型知名寺院總是能吸引眾多人潮，許多小寺的和尚卻得磨練自身的企業家本能，想盡辦法運用佛教語彙，跟現代世界連結起來。這類講求創新的獨特小寺值得我們多加探索，它們在當今的日本佛教，很可能會成為一股潛移默化的力量。

實用資訊

法然院

606-8422 京都市左京區鹿谷御所之段町 30

電話：(075) 771-2420

www.honen-in.jp

(寺院本堂只在四月一日至七日、十一月一日至七日，開放給大眾進入參拜)。

森林之友中心

606-8422 京都市左京區鹿谷御所之段町

電話：（075）752-4582

www4.ocn.ne.jp/~moricent

安樂寺

606-8422 京都市左京區鹿谷御所之段町 21

（075）771-5360

http://anrakuji-kyoto.com

露台咖啡館（Café Terrazza）

606-8421 京都市左京區鹿谷法然院町 72

（075）751-7931

http://www.cafeterrazza.com

喜さ起（Kisaki）湯豆腐

606-8403 京都市左京區　土寺南田町 173-19

（075）751-7406

白沙村莊（懷石料理）

606-8406 京都市左京區淨土寺石橋町 37

電話：（075）751-0446

www.hakusasonso.jp

第23章
連結感的探尋：古今朝聖之旅

二〇一一年八月，菅直人辭去首相，約五週後，他延續二〇〇四年的四國八十八名所巡拜（當年他還剃光頭髮），踏上朝聖之旅。在這場為期八年、路線長達一千四百公里的巡拜之旅，這是他第六度踏上旅程。他手持法杖，頭戴斗笠，一身白衣白褲。形單影隻的他，儼然是個親近聖物聖地以求自我療癒、重獲新生的朝聖者。朝聖在傳統上是徒步前往聖地巡拜，世界各地皆十分盛行。

在自古已確立的朝聖路線，朝聖的人數與日俱增，世界各地的遊客也紛紛尋訪一些在歷史上跟特定宗教與文化傳統有關的地方。「朝聖者」甚至可能並不信奉聖地的宗教，他們求的是受到氛圍的感召，不是特定宗教信仰的教條。

聖雅各之路，又名聖地牙哥朝聖之路，起自法國南部，終於西班牙北部，源於中世紀的天主教朝聖之旅，據說每年旅客多達十萬人。四國八十八名所巡拜，源於九世紀佛教學者兼聖僧空海（七七四年至八三五年，謚號弘法大師），每年約有三十萬的朝聖者借宿於四國——大師出生的島——各地。

還有一點更令人詫異，剛創立的巡拜之旅流行起來，讓人長期心嚮往之，就成為傳統文化。舉例來說，二〇〇六年，魄力十足的南韓記者徐明淑走完八百公里的聖地牙哥朝聖之路，隨後決定在南韓境內開創自家版本的朝聖之路。翌年，她運用故鄉濟州島沿海村莊的蜿蜒小徑，創設濟州偶來（Jeju Olle），共有十六條健行路線，總長三百六十七公里。二〇一一年，受到聖地牙哥朝聖之路啟發的濟州偶來，來訪旅客竟然達到破紀錄的二十萬人。

無論是古老的還是今時的朝聖之旅，日本向來是不落人後。這種朝聖者與朝聖之旅日益穩定增加的情況，可追溯到一九五三年，當時日本道路交通法經過修改，大型特許公車得以開始營運。其後的幾十年間，道路網的改善、套裝的公車行程、汽車持有率的增加、經濟的成長、橋樑基礎建設的改良，在在都促進朝聖之旅的激增。然而，光憑如此，尚不足以動員這麼多人踏上朝聖之路，多虧ＮＨＫ電視的四國朝聖之旅系列帶來了激勵人心的影響力。該節目在一九九八年至二〇〇〇年間播放，把田園風光與傳統文化融合得恰到好處。

幾十年來，朝聖之旅從徒步的行程轉型為機動化的體驗，的確讓觀光客與朝聖者的界線模糊起來，而去仿製那些引人注目的新型態朝聖之旅，更是有無窮的潛力。我踏上近畿三十六不動明王巡拜路線，想要徒步巡訪三十六間供奉不動明王像的寺院。

不動明王巡拜路線上的寺院，多半屬於真言宗或天台宗。當中十二間寺院位於大阪府，十一間位於京都府，奈良縣、滋賀縣、和歌山縣各有三間，兵庫縣有四間。不動明王巡拜範圍涵蓋整個關西地區，是已故的下休場義治在一九七九年創立。下休場義治是個虔誠的居士，擅長讓已廢止的朝聖路線復興起來，還創立全新的朝聖路線。

不動明王名所巡旅是極受注目推崇的朝聖之旅。不動明王的形象是個坦著胸膛、體型厚實健壯的男子，或端坐或站立於一堆石頭之上，被一團炙烈的火焰包圍住。不動明王代表的是宗教探索的開端，是如佛之心的展露，是滿腔的慈悲。不動明王右手持劍，刺穿凡人的愚癡，左手提索，捕捉那些被自身欲望所誘之人，引領他們回家。護摩火供是真言宗、天台宗、修驗道的重要儀式，用火召喚不動明王，淨化凡人在木棍上書寫而後投入火中的願望。

近畿三十六不動明王巡拜協會推廣的不動明王巡拜之旅，一年約可吸引一萬人朝聖。一般人會覺得徒步巡拜的四國朝聖者會穿戴整套特殊衣著，但是近畿三十六不動明王巡拜無需特殊衣著。換句話說，大眾無法立刻認出朝聖者並接待朝聖者。御接待（Osettai）是指提供錢財、食物或住宿處給朝聖者並獲得福報，此為日本長久以來的古老傳統文化，讓朝聖者跟途經的村里有所連結。

不動明王巡旅的範圍遍及整個地區，加上市面上的旅行指南（日文版）所提供的地圖只有火車、公車或汽車這類交通工具的指引，因此徒步的朝聖者要面臨各式各樣的挑戰。我抵達寺院後，通常會請寺裡的和尚畫張地圖，指引我下一間寺院怎麼去。對方聽到我的要求，有時會面露詫異，建議我搭乘大眾交通工具，或者好心載我一程。這趟朝聖之旅沒有指定的路線，只有朝聖者要抵

達的地點，於是我行經工業化的大阪府，有時離快速的車流可說是近得危險，還穿越了日本最長的頂棚式商店街。我跨越了神崎川與淀川的橋樑，淀川橋我先前只在火車上看過。

朝聖者應謹記在心，這條路線有別於行之多年的朝聖之旅，寺院可能下午四點就關門了，許多寺院也沒有地方可供朝聖者或訪客留宿，不像聖地牙哥朝聖之路那樣可二十四小時為朝聖者開放。不動明王巡拜之旅的創辦人與當今的宣導人士，他們設想的是分區分次的朝聖之旅，朝聖者利用大眾或私人交通工具，踏上一縣一日的參拜行程。以徒步方式一口氣走完整條路線，起碼需要一個月的時間，務必事先預訂旅館或青年旅館。

無論朝聖者選擇何種旅遊方式，納經帳（朱印帳）都是值得的投資。納經帳是布料書封、空白厚紙頁的小冊子，用於收集各寺院的蓋印與落款，可在四天王寺——路線上的第一間寺院——購買。四天王寺亦提供其他的宗教用品。若隨身攜帶白色和服，朝聖者或可淨身修行，亦即在瀑布底下淨化自身（只要寺方願意的話）。畢竟，不動明王跟水的淵源就跟火一樣深遠。

終歸到底，雖然朝聖之旅可讓人暫時離開瑣碎的日常生活，但是朝聖者終究還是必須回家，重新整合自己學到的功課，畢竟回程就跟旅程一樣重要。

實用資訊

近畿三十六不動明王巡拜協會
（Kinki 36 Fudoson Reijokai）
586-0032 大阪府河內長野市榮町 7-10-102
電話：（072）56-2372
www.kinki36fudo.org/

四國朝聖之旅保存協會
（Henro Michi Hozon Kyoroku-kai）
791-8075 松山市雲雀丘 5-15
電話：（089）951-2506
www.iyohenro.jp

四天王寺
543-0051 大阪府大阪市天王寺區四天王寺 1-11-18

電話：（06）6771-0066

智積院

（每日護摩火供）

605-0951 京都市東山區東大路通與七條通交叉口往南走的東瓦町964

（075）541-5361

www.chisan.or.jp/sohonzan/

第24章 意想不到的過時：馬桶、科技、烏托邦

來到日本的旅客很快就學會基本的界線之分，譬如說，去別人家拜訪，鞋子要脫下，擺在玄關，穿上室內拖鞋，這樣才有禮貌。要去廁所的話，專用拖鞋也在廁所裡等著你穿上，而且不能穿出廁所外。馬桶與浴缸很少擺放在同一個空間裡，兩者分別放置在截然不同的空間裡——不潔的廁所，潔淨的浴室。就馬桶來說，有專屬的空間才是常態。無論是日式蹲式馬桶，還是西式坐式馬桶，通常都是小而方，具備的功能往往不只是馬桶而已。

過去一世紀以來，馬桶已經成為特殊禮儀、象徵符號、科技技巧的場所，其演變過程值得探討一番。一九三三年，谷崎潤一郎在〈陰翳禮讚〉一文

中，曾以滑稽的口吻讚美馬桶是「心靈安眠之地」。在過去的年代，馬桶其實是個人在日式房屋裡，唯一能保有真正隱私的空間（或許現在仍是如此）。

二十世紀初期，一燈園——京都市郊山科區某個烏托邦社區——創辦人西田天香推出「六萬行願」的靈修法，即是以儀式般的馬桶清潔作業為重心。西田天香一天拜訪京都的五戶人家，清潔馬桶，此舉他一年有兩百天都在反覆地做。根據西田天香的看法，請陌生人准許自己清潔馬桶，以及清潔馬桶的行為，堪稱為人類最謙卑不過的舉止。西田天香過著如此謙遜懺悔的人生，是受到基督、甘地、托爾斯泰的感召，但影響他最深的當屬禪宗。一燈園的小隊會突然來到京都市，不用支付報酬即提供服務，說是在清潔馬桶的過程中，就等於是享有了接受款待及淨化內心的特權。經過幾十年的時間，京都人也習以為常了。這些小隊提著水桶，穿著佛教徒工作服，綁著頭巾，排成長長的隊伍行進。他們猶如一道風景，通常被拍攝成日本的象徵，是不惜一切的工作倫理。

二〇〇八年十一月，我加入一燈園舉辦的三日閉關修行，學習他們的人生哲學與靈修實踐。我到了一燈園，就立刻領取制服，那是一整套深藍色的作務衣，有僧褲、寬鬆的上衣、頭巾。西田天香的孫子西田武如今負責領導這個日益縮減的社區，那裡有幾處無可挑剔的庭園，幾所還在經營的學校，一間雅致的寺院。我的靈修同伴全都是 Duskin（樂清）清潔公司的人員，該公司的總部位於大阪，創辦人是商人鈴木清一，他在重病痊癒後加入一燈園。Duskin 是美式連鎖加盟制度的先驅，也因此大獲成功，最後還拓展至台灣、上海、南韓。這次的靈修其實是一燈園專為 Duskin 員工量身打造的，純粹是允許我加入他們當中。一燈園在靈修期間的開示，呈現出一家想以特定道德品牌統合經濟的公司，期望員工應具備的道德修養。一燈園與 Duskin 關係密切，究竟我的同修有沒有像我一樣支付兩萬五千日圓的靈修費用，就不得而知了。

第一天，我們開始修習「六萬行願」。我們十六個人分成幾個小組，各組要選出組長。我們提著水桶抹布，排成一列縱隊行進，走到車站，搭車進城。我的小組負責的範圍恰巧是京都御所附近的老社區。組長拿著地圖，指著街道，說明組員的任務，三小時後在起點集合。我們背誦好一套說詞，要在每戶人家的家門前唸誦，那套說詞其實很公式化。先跟對方打招呼，表明自己是一燈園的人，正在靈修，然後說：「Obenjo no soji o sasete kudasai」，意思是「你家的便所請讓我刷」。我很訝異，一燈園竟然要我們用 benjo（便所）這個字，ben 有「便利」和「糞便」之意，以此字來指稱馬桶，在日文中最是粗魯不過。選擇別的用字或許會文雅些，比方說 Otearai（洗手間）或簡單的 toire（廁所），這兩個字還比較委婉。然而，時至今日，這個用語已經成為慣例，我們的措辭徹底躲開對方的提問，聽起來更像是在乞求對方。

我站在第一戶人家的門鈴前，有對講機，我提出要求，短暫的靜默後，傳來女人的聲音，她說她家的馬桶不用刷。第二戶人家，我得以推開大門，上了年紀的男人坐在地板架高的榻榻米房間裡，叫了他的女兒過來，她向我表示歉意，說正好要出門去看醫生。第三戶人家，開門的女人一臉詫異，怒氣沖沖說：「不用。」她以輕蔑的手勢趕走了我。我還沒有成功進入人家的家裡刷馬桶，要按下一個門鈴，心裡實在很害怕。我不由得猜想，或許是我那外國人的口音和外表讓人避而遠之，也許他們以為是電視上的惡作劇節目，也許對有如烏托邦的一燈園而言，遊戲已經來到終局，再也不像他們料想的那樣受人歡迎了。我又試了另一戶人家，可是好像根本沒人在家。我覺得刷馬桶的提議簡直錯到底了，我沒感到謙卑，反倒覺得自己在那些人的眼裡，簡直就是個討厭鬼。我決定放棄，回到集合地點，等我這組的組員做完回來。

第二天，我們再度分組出門，但這次是對方有什麼工作需要人做，就請對方讓我們做。這是開放式的提議，不是「你家的便所請讓我刷」那種過度直接的懇求。第二天的做法類似傳統的托鉢修行，托鉢就是比丘和比丘尼走到街上，手裡捧著用來盛裝膳食的化緣鉢，以感激之心接受民眾給予之物。我在自己小組負責的社區快速巡了一遍，直接走向一家外觀傳統的餐廳，推開大門，問老闆他們有沒有需要我幫忙的地方。親切的女人給我一枝耙子，帶我去後面的園子，於是我開心耙著小楓葉，後來同組的一名女組員出現了。我會不會失去這件好差事，又得開始按門鈴？結果我們分攤工作一起做，後來老闆還邀我們進去吃午餐。我們一起回到一燈園。那天很開心。

那天晚上，所有人都聚在一起，回顧這兩天的經驗，我才發現我們這組的男人只有一個在第一天刷了三個馬桶，但他似乎是特例，有些人連一個馬桶也沒刷到。於是我十分確定，刷馬桶的提議是落伍過時的提議。更糟的是，此舉未免流於自我中心，竟然期望別人遷就我們，讓我們去刷他們家的馬桶，就只是因為刷馬桶剛好是我們的靈修法門？

西田天香當年投入「六萬行願」修行，放下身段，做出當時能想出的最卑賤的勞動，是為了有機會為世界的惡行做出彌補。在那個時代，日本的馬桶還很原始粗糙，或許也是個相當骯髒惡臭之處。可是，到了二〇〇八年，沒人會希望自家的馬桶給別人刷，或許也沒那個必要。於是，只剩下烏托邦社區支持的那套基本說法在維繫刷馬桶這種宗教儀式。

現在站在更適宜的角度來看待這種局面吧。在過去的日本，廁所都是在屋外，去廁所前都要穿上專用的鞋子，鞋子免不了會弄髒。到了現代，馬桶都移到屋內了，日本人仍舊把廁所看成是不潔的（外面空間），因此進入廁所必須穿上專用鞋。奈良時代（西元七一〇年至七八四年），有些早期的廁所是設在溪流之上，日本人使用木製刮刀代替廁紙，等到江戶時代（一六〇三年至一八六八年）才有人使用廁紙。擦拭的用具視住家的地理環境而定，可能是刮刀、葉子，甚至是海草。

不過，日本有史以來，茅坑就是最普遍的廁所。比起用三根樹枝做成、設在溪流之上的廁所，茅坑的搭建與維護都很簡單。此外，日本是農業國家，人民多半吃素或吃魚素，很少人飼養家畜食用，少了家畜的糞便，人類的排泄物成為重要的肥料來源。一八八四年，日本興建第一套下水道系統，不過範圍僅限於東京的神田區。一九〇〇年以前，日本大部分的地方會有掮客或中間人把城鎮裡產生的人類排泄物給載走，賣給鄉間的農人。二戰之後，日本人長期跟美國佔領官員交流往來，那些官員一見到日本人用水肥就連忙皺眉頭，並大力推廣化肥，於是收水肥的做法漸漸少了起來。日美兩國的往來也使得原本在馬桶業佔優勢的蹲式馬桶逐漸式微，一九七六年西式馬桶開始變得更為普遍。

當今的日本擁有地球上最精密的馬桶，還有複雜細膩的排便禮儀。TOTO有限公司成為世上最大的衛浴設備公司，也是日本排名第一的馬桶製造商。一九八〇年，TOTO推出Washlet免治馬桶，徹底革新如廁體驗。這種西式馬桶座有電腦化的控制面板，具備多樣功能。

其中一項功能就是會有噴嘴從馬桶座底下伸出來，噴射出溫水，水壓水溫可在面板上調整。屁股洗淨後，還會溫風烘乾。天氣冷的時

候，馬桶座可加溫。部分機型甚至可以吹出冷風，適合夏天使用。Washlet免治馬桶做的是清潔工作，甚至免去了廁紙的需求。在當今的日本，大多數的公共廁所、辦公室洗手間、百分之七十的家庭都有Washlet免治馬桶，價格介於九百美元與五千美元之間（約新台幣兩萬七百元至十五萬元之間）。高階機型具備自行清洗功能，還能播放音樂，自動沖水並除臭。此外，TOTO直接面對敏感的性別相關議題。日本女性在公共廁所用馬桶時，通常會沖水沖好幾遍，遮掩身體發出的聲音，免得尷尬。每次去上廁所，都要浪費掉好幾加侖的水。TOTO推出優雅的解決辦法——音姬。音姬有擴音機傳出沖水的聲音，可加裝在裝置上，亦可內建於裝置。現在，要是沒有音姬，女用洗手間就稱不上完備。不過，假如身體發出的聲音會讓人不好意思，那麼臭味也是如此。據此，TOTO推出外部產品，Takano公司則是內化問題，製造Etiquette Up藥片，吞下後，排泄物與排氣都帶著香味。

新科技會導致舊科技淘汰，例如汽車淘汰馬車，iPad淘汰紙本雜誌。此外，那些仰賴舊科技的做法，其含意也必然會因新科技的出現而產生變化。如今，日本的馬桶不但能夠自行清洗，也能清洗那些暫時坐在馬桶上的人，由此可見，基於人類對馬桶的原始設想而構思出的靈修法，肯定是大錯特錯了。我們向來可以重振和修正。就這個案例而言，要重振「六萬行願」的原始精神，就必須先跳出日本。

根據世界廁所組織的調查報告，今日有二十六億人無法使用衛生的廁所，結果只好在外頭排泄，容易染上一堆可能致死的疾病。要聽到這個惡臭世界的聲音，就必須先承認廁所裡有音姬，然後不要用音姬掩飾。

實用資訊

一燈園

607-8025 京都市山科區四宮柳山町 8

電話：（075）581-3136

www.ittoen.or.jp

第25章 蓮花裡的珍寶：高野山寺院

高野山寺院其實是一百多間的寺院，位處海拔八百公尺的山頂盆地，棟棟寺院間隔整齊，圍繞中央的建築群。在這裡，地理決定了命運：兩側丘陵環繞著山頂平坦的主山，每座丘陵有八座丘頂。整個佈局顯現出龐大的八瓣蓮花在晨霧裡漸次舒展之貌，不細心觀察或許看不到此處地形的重要性。高野山寺院創建人空海大師選擇這個地點，建立真言宗密教——日本主要的怛特羅教派（金剛乘教法）——的禪修中心。

關於九世紀高野山寺院的創建，還有其他更神奇的故事持續流傳於世。不過，這幾年下來，我逐漸對這些故事謹慎以對，因為奇幻之事有可能叫人在靈性之路上分了心神，容易落入不合理的期望。真言宗在佛教領域有著近似玄幻的名聲，這類奇幻故事也有責任。有一則故事講述空海還在中國學習佛教時，朝天空投擲三叉金剛杵（念經文時使用的儀式法器），金剛杵落地時，落在遙遠的日本，一棵松樹的樹梢上。在山神、獵人、雙頭狗的協助之下，空海找到了那棵樹，便決定在該地興建寺院，作為真言宗禪修之用。

父親過世隔年，我離開夏威夷，來到高野山寺院。我的其中一個夢想就是進入高野山寺院修行，可是我想像中的修行生活其實多半來自於我在美國時很熟悉的熙篤會神樂院。我離開檀香山時，師母與我同行，先是搭乘日本航空，然後是火車與空中纜車。抵達老師的分寺不久，我隨即領到比丘尼的衣服，被送到鎮裡的理髮店剃頭落髮。在高野山這樣的地方，這種事理髮師見多了，不用多加解釋。他知道頭髮不能全剃光，要留下三處象徵性的小圓丘。等我參加真正的入門儀式，念了誓詞，才會剃光。

自二〇〇〇年起，我在歐美地區碰到的一堆人，他們對於佛教的見解老是聽得我詫異不已。他們經常避開「宗教」這個用字，還聲稱佛教是一種「靈修生活」或「生活方式」，好像這麼說就多少顯得比較高級。我由衷認同佛教是一種生活方式，可是佛教並不優於也不劣於基督教、猶太教、伊斯蘭教、印度教。我們出生所在的這個世界，對肉身與心靈皆是危機四伏，宗教的根本難道不是教導我們如何悠遊於人世嗎？佛教也有一套詳盡的理論解釋天堂與地獄，也有複雜的儀式，對於諸如「證悟」的基本觀念，也有各種宗派和多元信仰。不僅冥想和瑜伽修行是佛教的一環，地位與階層也是當中的環節，而且在日本有基本之別，起碼學問僧是有別於修行僧的。

就我的看法，對佛教的認識出了問題，有一部分基本上是語言上的問題，佛教國家以外的地方尤是如此。譯文不斷引我們誤入迷途，腦袋也迷糊了起來。最叫我傷腦筋的，向來是 Emptiness（空性）一詞，空性是指突破及照亮純潛能的狀態。佛教的「空性」是純正面的用詞，英文的 Emptiness 卻帶有負面的含意，理智的人一開始怎麼會追求這種狀態？另一個有問題的用字是 Monastery（寺院）。菲利浦·葛羅寧（Philip Groning）導演曾經前往法國阿爾卑斯山，把大沙特勒斯山修道院（Grande Chartreuse Monastery）的生活拍成了《大寧靜》（*Into Great Silence*，二〇〇五年）這部優異的紀錄片，而我看了之後，不得不說，日本的寺院跟片中的修道院簡直是天差地遠。在禪修期間，比丘與比丘尼要暫時禁慾、戒葷、禁酒，頭髮必須剃光。之後，比丘與比丘尼在前述修行法中取其一繼續修行，他人不會論斷。

日本和尚可結婚成家，和尚的家庭所提供的勞力可維繫寺院的經濟。和尚通常會在世俗世界找份工作，例如在中小學任教。寺院採世襲制度，父親退休或過世後，無論兒子（通常是長子）有沒有受到「神召」，都是由兒子繼承寺院，而這種情況引來不少日本人譏諷。畢竟，和尚要是想要當棒球選手或漫畫家，就無法好好主持其職位所需進行的諸多儀式。此外，要是沒了靈性生活帶來的智慧，也就無法對信眾給予忠告。跟我一起禪修的十名日本婦女，多半是寺院和尚的女兒。其中幾位女性的兄弟不願繼承父親的衣缽，獲准追尋他們自己的夢想。在時勢所趨之下，這些年輕女性大膽採取行動。可是，一般社會大眾都是覺得比丘尼不會結婚。無論如何，總之比丘尼主持的寺院相當罕見。

我進入比丘尼禪修中心幾個月後，暑假開始，同修都回家了，而我前往分寺，在地下室的神社背誦經文與咒語，這樣一堆背錯的地方就沒人聽得到了。到了夏季時節，我禪修的寺院在鎮內算是極其繁忙的，訪客前來此處，避開山下悶熱的暑氣和濕度，待在山頂其中一家的日本佛教大型中心。二〇〇四年，高野山名列 UNESCO 世界遺產地，此後宿坊（亦即住宿在寺院幾天）開始在日本流行起來，外國人更是趨之若鶩。寺院逐漸仰賴這項收入來源，不過有些和尚會發牢騷，說夏季旅客旺季，覺得自己還比較像是服務生。早晨，遊客可參加護摩火供，無論有無來客，淨化火供儀式每天都會舉辦。夜間，遊客可品嚐雅致的精進料理（即素食料理），美味的湯裡放了蔬菜、高野豆腐（烤芝麻籽和葛粉混合製成的豆腐）、凍豆腐。

真言宗對我的吸引力大過其他的佛教宗派，原因在於其對證悟的法門。真言宗認為肉身是心靈的媒介，並不是武道修練所說的障礙。根據真言宗的中心原則，凡人每日修行「三密」（身密、口密、意密）法門，此生此世就有可能「即身成佛」，亦即經由肉身成佛或成為「證悟者」。

我看著禪修的教科書，突然意識到這些教科書有如複雜細膩的說明手冊，列出了數百種的手印，主持儀式時拿取物品的方式，誦經時掐捻念珠的手法，邁進道場的正確步態。只是這些動作背後的解釋，顯然付之闕如。然而，藉由觀察與經驗的方式來學習「套路」（即行為舉止），在日本是學習藝術或工藝時常見的方法。

有些人或許會覺得這類修練過度複雜精細，流於荒謬，對於其必要性，也不免心生懷疑。我的答案只有一個，生存是人類的本能，而人的行為舉止深植於強大的自我保護感。我們會保護自己的地盤，保護自己的家族，保護自己的部落。真言宗的修行試圖打破我們內心深藏的這層恐懼，超越凡人有限的感知，其採用的法門是創造出一處空間，以更宏大的觀點來看待這種情況。幾乎所有寺院的飾面牆上都有兩個曼陀羅，這兩個曼陀羅分別代表金剛界與胎藏界，分別對應至精神領域與心理領域，旨在協助修行者培養智慧與慈悲心。理想上，兩者應整合為一，畢竟擁有慈悲心卻沒有智慧明辨任何情況下的真正必要之物，有可能引致悲劇，或者純粹徒勞無益。

即使是念經合掌這類簡單不過的手勢，在真言宗都具有象徵意義。右手代表大日如來，左手代表人間。祈願時，雙手合掌。

實用資訊

高野山寺院宿坊

高野山宿坊協會高野山　詣講有限公司

648-0211 和歌山縣伊都郡高野町高野山 600 番地

電話：(0736) 56-2616

http://eng.shukubo.net

結語：三一一過後

我清楚記得京都早春的那個下午，終於到了毛衣讓位給襯衫的時節。再過三週，櫻花樹上的花苞就會開始展開花瓣，再緩緩落下，把河岸、運河步道、寺院地面染成一片粉紅波濤的樂土。日本人不分老幼紛紛從各縣湧入京都，照例沉浸在這個短暫又美好的日本文化象徵，藉此重獲新生。不久，城裡的公車就連站立的空間也找不到了，只要櫻花綻放，就是這番熱鬧景象。

我的日文老師與我坐在壬生寺附近，一處由町屋改成校舍的老舊建物。我們正在鑽研日本文言文寫的某個段落，大約下午兩點四十六分的時候，推門開始在溝槽裡哐噹作響，牆上的白板看似失去平衡，好奇怪。轉眼間，二樓的某位老師從狹窄、近垂直的樓梯間，衝了下來，大喊：「地震！地震！」京都少有地震，我們一時間不知如何是好，要找掩護？還是衝到外面去？還沒來得及動作，老屋的百葉窗不再砰然作響，一陣可怕的寂靜籠罩著我們。我們當時在城裡的東南地區，沒有東西破了，連一枝鉛筆也沒有從桌上滾落。也許是小地震，只不過町屋老舊，吱嘎作響，顯得情況嚴重罷了。假使是大地震，震央肯定離京都很遠。

當時，本州東北岸約八百公里外，海床上的兩個地殼板塊相互碰撞，導致日本發生有史以來最大的海底地震。該場地震只維持六分鐘，但力量之大，足以讓本州——日本最大島——往東移動約二點四公尺。規模九級的地震發生後，幾分鐘內海嘯就來了，太平洋捲起一連串巨大的海浪，不斷朝岸邊滾去。在海水的衝擊下，樹木連根拔起，車輛翻了筋斗，漁船撞成碎片，堤道彎曲，建物滅頂，整座城鎮脫離地表，隨海水而去。

這場海嘯也是史上最大的海嘯，在部分地區還高達三十六點五公尺。這串「海浪列車」延續兩天之久，最遠抵達智利，然後海洋才再度平息下來。日本東北地方的海岸沿線接近海嘯的源頭，海嘯擊潰福島第一核電廠的防禦系統。海嘯先是越過防波堤，防波堤可承受最高約五點五公尺的海嘯，但實際襲來的海嘯高達十三點七公尺。接著，海嘯淹沒核電廠，破紀錄的大地震已致使核電廠搖搖欲墜。海嘯抵達前四十分鐘，感應器就已感應到地震，將廠內正在運作的三座反應爐切換到關機模式，儘管如此，不防水建物裡的十二部備用柴油發電機，以及將反應爐餘熱移入海水、具冷卻作用的抽水機，還是接連遭到海浪吞噬。三座反應爐的爐心都熔毀了，在接下來的幾天連番爆炸，放射物質釋放到空氣中，影響擴及十九公里撤離區以外之處。比起無人死亡、釋出少許輻射量的三哩島事件，此次事件更為重大，絕對是一九八六年車諾比事件以來全球最嚴重的核災事件。

二〇一一年三月十一日發生的三重災難，簡稱「三一一」，也許會成為現代日本史的轉捩點，在一片斷垣殘壁之中，人民對政府官員與電力公司的信任感也隨之粉碎。地震與海嘯奪走逾一萬九千條人命，逾六千人受傷，三十三萬四千七百八十六人無家可歸。除了傷亡人數令人驚愕外，財物的損失也許更是無可計量，但據世界銀行估計，損失高達兩千三百五十億美元。逾十萬棟建物半毀或全毀，農地有好幾年都沒辦法用了，不是海嘯帶來大量鹽分沉積於內陸，就是遭受輻射粒子污染。地震與海嘯過後，災情最嚴重的岩手縣、宮城縣、福島縣有兩千萬公噸的殘骸，部分殘骸有毒，但大部分都往外漂流到海洋，或者向下沉到海床上。儘管如此，清除東北海岸四處散置的殘骸，依舊是重建工作的第一要務；但同時間，民眾對輻射污染的恐懼，也讓清除殘骸一事成了高度爭論的議題。災後八個月，東京成為受災縣以外第一個願意燃燒及處置大量殘骸之處。雖然大阪同意接收三萬六千公噸的殘骸，但是到了二〇一三年一月，當地的反對聲浪依舊相當強烈，他們害怕輻射塵可能會釋入空氣中。

輻射塵帶來的恐懼深入日本人的內心，太平洋戰爭進入尾聲之際，美國在廣島與長崎投擲原子彈，日本成了世上唯一承受可怕核爆的國家。此後，核爆倖存者所背負的污名，就成了新聞報導與藝術工作一門持續不衰的主題。心頭立即浮現的是井伏鱒二的小說《黑雨》（今村昌平運用出色的手法改編成電影），還有哥吉拉的科幻形象呈現出的恐懼。哥吉拉創造於一九五四年，是會吐出核焰的突變怪物。我的京都住處附近的鄰居，少有人在福島核災後還願意購買日本北部農產品，即使是離核災區很遠的青森所生產的普通蘋果，即使是最北邊的北海道生產的乳製品，也少有人購買，由此可略知日本人心中的恐懼。鄰居友人經常表示，我們在關西很幸運，隸屬南部食物鏈，農產品產自九州與四國，不是像東京那樣，農產品主要產自本州北部。

福島第一核電廠只是日本五十四座核能反應爐的其中一座，興建核電廠的那個年代，大家都覺得利用核能就可邁向乾淨能源的未來，而且有力的挺核遊說團（包括日本經濟產業省在內）也廣為宣傳核能安全的說法。現在回想起來，這個政策方向似乎相當離奇，畢竟日本可說是地震頻仍的群島。雖然地震與海嘯是三一一事件的天然災害，但是周復一周，月復一月，該場災害的人為層面愈趨成為大家關注的焦點，筆者下筆之時，兩年都過去了。

福島共有六座反應爐，第一座於一九七一年服役，不過六座全都是六〇年代中葉設計的。東京電力公司（以下簡稱「東電」）負責福島核電廠的興建與維護作業，他們把核電廠蓋在山丘上，核電廠所在斜坡降低將近二十公尺，這樣反應爐就會位於基岩之上，反應爐對地震的抗力也會獲得改善。然而，從海嘯的角度來看，此舉反倒讓核電廠變得脆弱許多。科學家分析日本海嘯史後發現，過去三千年，巨浪襲擊此區的頻率是每隔八百年至一千一百年一次。上一場巨大的海嘯是在一千一百年前襲擊日本，東北大學的科學團隊在二〇〇一年日本的《自然災害科學期刊》發表文章提出警告，不久的將來極有可能會發生大海嘯。可是，沒人理會他們的警告。除了這個較為近期的警告外，一九六〇年代中葉，工程師設計核電廠時，即有紀錄顯示襲擊太平洋岸的海嘯高達三十八公尺，但東電的計算基礎是一九六〇年太平洋對岸的智利發生九點五級地震引起的海嘯。

核災意外發生一段時間後，我們才曉得這次的意外原本是可以避免的。儘管面臨已知的地理風險，東電卻沒有為核電廠內的員工或附近的社區居民制定合宜的災害管理計畫。最後，福島核電廠爐心熔毀，十五萬人不得不撤離此區。為避免民眾恐慌，東電與日本政府封鎖了放射性煙流移動狀況的消息，淡化了風險程度。這個疏忽之舉導致部分民眾從輕微汙染區撤離到嚴重汙染區。除此之外，雖然有數十億美元捐給日本紅十字會以及無數的非營利組織，但是遭撤離者以及因天然災害而無家可歸者，並沒有及時收到需要的援助。日本首相菅直人在海嘯與核災過後領導無方、飽受批評，最後於該年夏季辭職下台。菅直人拿起朝聖用品，重新踏上四國八十八名所巡拜之旅。

日本有百分之三十的電力來自核電廠。三一一前的計畫是要在二〇一七年提升核電比率達百分之四十，但三一一後此計畫不可能獲得支持。至於像德國那樣因福島爐心熔毀事件而採取激進反核立場，日本人也同樣辦不到。日本人反倒是普遍變得對官方當局缺乏信任感，更深信自己必須自求多福才行。於是，一般民眾廣泛使用輻射劑量儀，測量所購買食物或所造訪區域含有的輻射量。

從正面來看，這場災害讓大家對其他形式的能源有了熱切的興趣。地熱的利用在日本的潛力無窮，日本坐擁約兩萬兆瓦的地熱能，相當於二十座核能反應爐。雖然不是所有的地熱都能用來發電，但是只要詳加周密管理，地熱能或許可成為地方重要的能源來源。冰島就是個絕佳的例子，冰島生產的地熱能跟日本一樣多，還使用溫泉水來溫暖室內。日本所處位置也得天獨厚，位於風場密集處的底下。若有飛行發電機（Flying Electric Generator，簡稱 FEG），加上空中的渦輪風力機，就可利用信風與噴射氣流帶來的能量。目前，九州大學也在研發整合式的離岸電場，要結合太陽能、風力、潮汐能、海浪能、電壓能。

環保記者枝廣淳子對日本的未來有另一個願景。她針對該次地震與海嘯帶來的教訓，熱切撰寫多篇文章，發表多次演講。二〇一一年，災後兩個月，她在 TED×東京的演講，即以「De」（去除）一詞來描述日本的未來世代與新時代，未來要面臨的是 De-ownership（去除所有權）、De-materialization（去除物質化）、De-monitarization（去除貨幣化）。在枝廣淳子的眼裡，三一一的三重災難在所有人的面前揭露出日本社會失去基本的韌性。數十年來的生活方式與經濟做法，重點都是放在以經濟效率與便利為主的短期目標上。枝廣淳子提出的方案是把重心移轉到「長期效率」，期望達到人類與大自然共生共存的境界，這背後不只是立基於享樂，更要懂得適應大自然蘊含的暴力特性。

枝廣淳子主張為大自然設立「緩衝區」。狹隘的觀點支持興建大型的海岸堤防與碼頭，認為所有的陸地空間都應為人類所用；枝廣淳子的看法卻非如此，她由衷展望人類能騰出空間給大自然。她提出的例子是岩手縣重茂半島的姉吉地區。姉吉是宮古市的一處地區，曾經遭到海嘯猛烈的襲擊。然而，海拔高度約六十公尺、離海岸五百公尺的內陸，矗立著姉吉目前居民的祖先所設置的一塊石板。一百年前，當地居民的祖先經歷毀滅性的地震與海嘯，隨後豎立石板標出界線，用以表示屋舍應興建在高於此標記之處，方可安全無虞。雖然宮古是該場海嘯受創最嚴重的地區，但是姉吉沒有一個人死於海嘯。姉吉利用土地時，必定會考量土地的回復力，當地居民也嚴守距離原則。

或許，唯有站在這個角度，才有可能體會宮古市某旅館老闆的想法。他活了下來，但海嘯吞噬了他在陸中海岸國立公園經營的旅館，對此他如此表示：「海洋給我們帶來這麼多的好處，我不太有辦法去恨海嘯。」

參考資料：

Connor, Steve. "The Problem with the Fukushima reactors is their age," *The Independent*. 3/17/11. http://www.independent.co.uk/voices/commentators/steve-connor-the-problem-with-the-fukushima-reactors-is-their-age-2244155.html

Daily Yomiuri. "43,000 move from hard-hit Tohoku prefectures," 1/12/12:3

The Economist. Special Report: Nuclear Energy "The Dream That Failed." 3/10/12: 3-18.

——"Geothermal Energy in Japan: Storm in a Tub." 4/7/12:74.

——"The Fukushima Black Box: A dangerous lack of urgency in drawing lessons from Japan's nuclear disaster. 1/7/12:1-3.

Edahiro Junko. "Resilience and the Steady-State Economy: Japan's Sustainability Lessons from the 2011 Disasters and a Declining Population," *Japan for Sustainability Newsletter*. January 2013: 125. http://www.japanfs.org/en/

Folger, Tim. "The Calm Before the Wave: where and when will the next tsunami hit?" *National Geographic*. 2/12. http://ngm.nationalgeographic.com/2012/02/tsunami/folger-text/1

Johnson, Eric, Ed. *Fresh Currents: Japan's Flow From a Nuclear Past to a Renewable Future*. Kyoto Journal,

Heian-Kyo Media, Kyoto, 2012. http://download.freshcurrents.org/FreshCurrents2012-final.pdf

——"Osaka pushes incendiary tsunami debris plan: Move to burn 36,000 tons from Iwate, bury it in bay spooks locals," *Japan Times Online*. 1/12/13.

Marks, Paul. "Can diverse power backups boost nuclear plant safety?" *NewScientist*. 1/16/13. http://www.newscientist.com/article/dn21555-power-backups-to-protect-nuclear-plants-in-a-disaster.html

Yasuda Koji. "Hotels in Tsunami-hit areas struggling," Daily Yomiuri. 6/16/11.

國家圖書館出版品預行編目(CIP)資料

瘋關西：探索日本文化心臟地帶 / 克莉絲朵·韋倫
(Christal Whelan) 著；姚怡平譯．──初版．──
新北市：遠足文化，2017.10──（浮世繪；40）
譯自：Kansai cool : a journey into the cultural
heartland of Japan
ISBN 978-986-95322-4-2（平裝）
1. 文化 2. 社會生活 3. 日本關西

731.7503 106014683

浮世繪 40

瘋關西：探索日本文化心臟地帶

Kansai Cool: A Journey into the Cultural Heartland of Japan

作者──克莉絲朵·韋倫 Christal Whelan
譯者──姚怡平
總編輯──郭昕詠
編輯──陳柔君、徐昉驊
行銷經理─張元慧
封面設計─霧室
排版──簡單瑛設

社長──郭重興
發行人兼
出版總監─曾大福
出版者──遠足文化事業股份有限公司
地址──231新北市新店區民權路108-2號9樓
電話──(02)2218-1417
傳真──(02)2218-1142
電郵──service@sinobooks.com.tw
郵撥帳號─19504465
客服專線─0800-221-029
部落格──http://777walkers.blogspot.com/
網址──http://www.bookrep.com.tw
法律顧問─華洋法律事務所 蘇文生律師
印製──呈靖彩藝有限公司

初版一刷 2017年10月
Printed in Taiwan

上：以京野菜製成的漬物泡菜。（遠足文化提供）
下：去骨的鰹魚乾，可用木盒刨刀刨成片。（遠足文化提供）

京都鴨川風景

足浴，攝於京都的京福電鐵嵐山站。

一之船入

左上：籤紙置於水面之上，好運立現，攝於京都貴船神社。

右上：京都八坂神社的美容水。

下：京都嵐山竹林。（Wai Chung Tang 攝影）

對頁：京都河道。

上：知恩院的手水舍，手水舍是讓參拜者洗手和漱口的建築物。

下：石清水八幡宮的竹製繪馬，繪有愛迪生的肖像。

上：兵庫縣淡路島枯木神社，神社供奉著一段沉香木。

下：雕龍壁板，攝於神戶南京町。

上：滋賀縣琵琶湖的白鬚神社。（Shutterstock）
下：自行車是在京都城內移動的常見交通工具，常用於展現自我時尚品味。

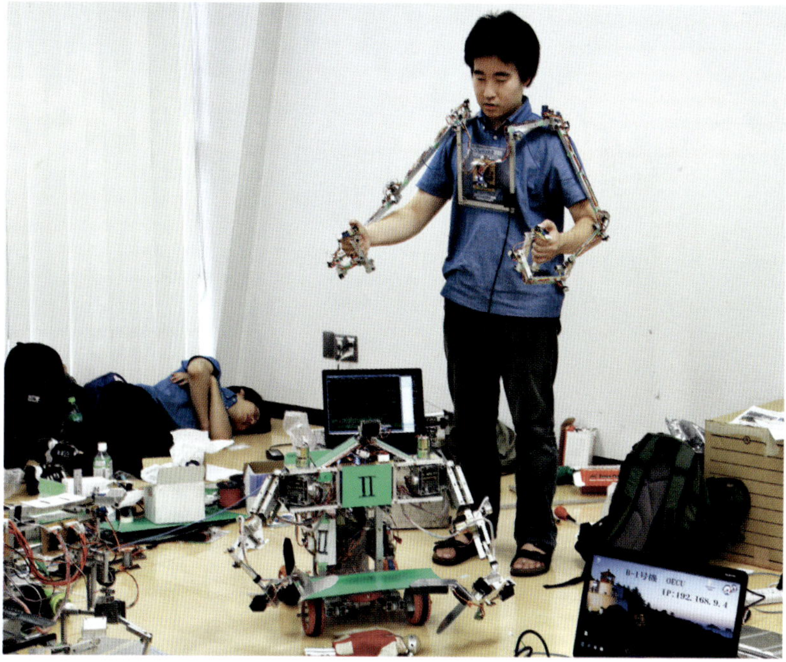

上：神戶救難機器人大賽的參賽者。（感謝升谷保博）

下：守護神戶的機器人——鐵人 28 號——是在一九九五年阪神大地震四年後設立，象徵神戶市的重生。攝於神戶的若松公園。

左上：2013年於烏克蘭基輔舉辦的日本時尚展上展出的女用和服。（Shutterstock）

右上：穿和服參加成人禮的日本少女。（Shutterstock）

下：年輕女性當模特兒展示和服，攝於京都。

東京國立博物館內的傳統日本和服。（Shutterstock）

人形塚

上：將人偶送出海，攝於和歌山嘉太的淡嶋神社，三月三日女兒節。
下：Super Dolfie 娃娃交朋友，攝於京都的 Super Dolfie 博物館。
對頁：火化人偶紀念碑，攝於京都寶鏡寺。

上：神戶港塔與海洋博物館是繁榮的象徵，攝於神戶的美利堅公園。（Shutterstock 攝影）

下：日本的子彈列車在京都短暫停留。東海道新幹線是全球最繁忙的高速鐵道，每年載運的乘客多達一億五千一百萬人。（Shutterstock 攝影）

對頁：關西國際機場內部細節，「虛空」（Void）之局部。（Siraanamwong 攝影）

上：狂龍廣告牌，攝於大阪道頓堀。（Shutterstock）

左下：明治時代（一八六八年至一九一二年）本州姫路市姫路城屋頂上的鯉魚裝飾物。（賴虹伶攝影）

右下：章魚是道頓堀章魚燒博物館的吉祥物，館方專門展示麵粉製食物的藝術與歷史。（Shutterstock）

大阪的新世界，此區以紐約與巴黎為原型，興建於一九一二年。（Shutterstock）

學生餵食野鹿，攝於奈良。（Shutterstock）

上：通往京都貴船神社之路。（Shutterstock）

下：地主神社的鳥居，這家神道教神社位於京都音羽山（清水寺）裡，是祈求戀愛姻緣的神社。（Shutterstock）

南京町

元町ビル
(B1-7F)
神戸元町歯科
敦睦
長安門
春節祭
神戸元町歯科

上：京都宇治　檗山萬福寺的鯉魚鑼。

下：居合道劍士比劃過招，攝於京都。（John Einarsen 攝影）

對頁上方：南京町的熱鬧景象，南京町為神戶的中國城。

對頁下方：神戶的南京町是日本境內選定的三座中國城之一。南京町跟許多的中國城一樣，是熱門的觀光景點。（Shutterstock）

左上：祇園祭是古老又知名的日本祭典，整個七月都在慶祝。（Shutterstock）

右上：大阪天神祭的金色神轎，祭典每年舉辦一次，歷史長達千年。（Shutterstock）

下：青森睡魔祭的漂浮燈籠，展示於青森市的睡魔之家。（Shutterstock）

對頁：今貂子 + 倚羅座，攝於京都。（Hiroshi Mimura 攝影）

上：木村英輝〈大猩猩的日常生活〉，攝於京都市動物園。
下：木村英輝〈黑竹大樓裡的老虎〉，攝於京都。
對頁：三宅一生的彩繪玻璃絲綢圍巾。

左上：Cosplay 玩家扮演《薄櫻鬼～新選組奇譚～》電玩遊戲裡的藤堂平助。（maho 攝影）

右上：月永悠繪製的鏡音連水彩畫。（maho 攝影）

下：Cosplay 玩家扮演虛擬歌手鏡音連，演唱〈作夢的小鳥〉的造型，鏡音連是克里普敦未來媒體推出的角色主唱系列第二作。（maho 攝影）

對頁：穿著蘿莉塔洋裝的可愛女孩，攝於京都。（Kazuhiko Susukida 攝影）

上：大阪有名的道頓堀。固力果跑跑男是當地知名圖像。（Shutterstock）
下：日本女人穿和服遊訪京都清水寺。（Shutterstock）

上：招財貓召喚過路客買樂透，攝於京都。

下：舞洲污水處理廠內部，百水（Hundertwasser）設計，攝於大阪。

上：京都伏見稻荷大社的鳥居。山坡上排列著鳥居，通往丘頂的主要神社。（賴虹伶攝影）

下：枯山水描畫出島嶼海洋，攝於京都南禪寺。

對頁：日本高野山的傳統佛教枯山水，背景是色彩斑斕的葉子和藍色的天空。（Shutterstock）

秋季的大阪城。（Shutterstock）

上：京都的鹿苑寺，又名金閣寺。（賴虹伶攝影）
下：京都龍安寺禪園。（Shutterstock）

日本浴室，設置 TOTO 有限公司的免治馬
桶（感謝 TOTO 有限公司提供相片）